MAURICE BARDÈCHE

NORIMBERGA

OSSIA LA TERRA PROMESSA

OMNIA VERITAS

MAURICE BARDÈCHE
(1907-1998)

NORIMBERGA OSSIA LA TERRA PROMESSA
1950

PUBBLICATO DA
OMNIA VERITAS LTD

www.omnia-veritas.com

PREFAZIONE 5
PREMESSA 7
CENNI BIOGRAFICI 9
PRIMA PARTE 13
SECONDA PARTE 82

MAURICE BARDÈCHE

PREFAZIONE

Abbiamo trovato affascinante questo lavoro di Bardèche, un'opera che, a differenza di molte, non subisce l'oltraggio del tempo e che, anzi, il volgere degli anni rende sempre più fresca e vitale. Le sue geniali intuizioni, o forse sarebbe più corretto definirle lucide deduzioni, hanno dell'incredibile. Egli aveva, infatti, compreso, con anni, decenni di anticipo, la portata, sciagurata ed immane, del mito di Norimberga.

L'immigrazione selvaggia, la globalizzazione dei mercati, la guerra del golfo, la dubbia politica del fondo monetario internazionale e l'intervento "umanitario" nel Kossovo non sono altro che lo stato "in essere" di quanto l'autore aveva individuato, "in potenza" 50 anni orsono. Nessuna sfera di cristallo lo aveva aiutato nella stesura della sua opera, solo la sua intelligenza. Le premesse esistevano, esistevano tutte, Bardèche ha saputo coglierle. *Norimberga ossia la Terra Promessa*. Le messi abbondanti di questo nuovo mondo ci sono state, e ci sono, generosamente donate. L'avarizia non è difetto imputabile ai suoi "grandi sacerdoti" e la carestia è parola priva di significato in quella terra benedetta, vivificata dai ... signori di Norimberga, da quei Jackson, l'uno giudice e l'altro effigie su banconote a corso legale, che tanto hanno fatto per lei e, purtroppo, per noi. Era stata da poco "scoperta", non era trascorso che un lustro dal radioso evento e già i suoi preziosi frutti venivano donati all'autore del libro, reo di aver levato uno sguardo libero, non servile, su quei lidi. Un dono modesto se paragonato a quelli elargiti nel periodo eroico, ma un po' rozzo, della fondazione e a quelli che nel corso degli anni saranno, puntualmente, offerti.

Un anno di carcere e 50.000 franchi di multa, non un gran ché, a ben vedere, per chi si considerava "un ècrivain fasciste" ed era profondamente, razionalmente e visceralmente, grazie a Dio, politically un-correct.

L'editore

PREMESSA

Ci sono libri del cui specifico retroterra ideologico non si sottoscriverebbe neppure una sillaba e di fronte ai quali, tuttavia, ci si deve inchinare. *Nuremberg ou La Terre Promise* è uno di questi. Le autorità lo fecero sequestrare al suo apparire, ancora oggi ne è proibita in Francia la ristampa ed esso valse la galera all'autore. Ma la nobiltà di cui Bardèche era partecipe era quella di Voltaire che rivendica la memoria di Lally-Tolendal e di Calas e quella di Zola che prende le difese di Dreyfus. Negli stessi giorni in cui egli lo scriveva, l'argomentazione centrale di esso, la critica, cioè, e la ripulsa della farisaica parodia di giustizia messa in scena dai vincitori a Norimberga, parodia al riparo della quale costoro consumavano la loro vendetta su dei vinti che l'iniquità tramutava, da colpevoli quali erano (quantunque non più colpevoli dei vincitori), in vittime, si trovava a corrispondere al pensiero di Benedetto Croce. E a Croce quel pensiero ispirava un indignato discorso alla Costituente. Passano gli anni e di quel discorso non ci si ricorda più. Allora può succedere che un tizio, un francese, un mostro di erudizione o supposto tale, un tizio che però, come la quasi generalità dei suoi conterranei, ha un'idea penosamente orecchiantistica dello stato e delle tendenze della nostra cultura, creda di ingraziarsi il lettore italiano di oggi mettendo avanti proprio il nome di Croce nella prefazione di un libro in cui, fra le altre cose, si può leggere, in un linguaggio spirante pacatezza ed equanimità, l'apologia del tribunale militare internazionale e della sua procedura da cannibali. E il lettore italiano non si rende conto dell'incongruità, dato che quel discorso è immeritatamente finito nel dimenticatoio.

Norimberga. Quell'opera di ingiustizia era anche opera di menzogna. Oggi lo si può dire e dimostrare anche più esaurientemente di mezzo secolo fa e più, perché Norimberga, che è parecchie cose insieme, è anche la macchina di propalazione della leggenda dello sterminio e dei sei milioni. Per certi aspetti le pagine che Bardèche dedicava a questo punto sulla scorta dell'informazione estremamente frammentaria disponibile a quel tempo sono esemplari. Mostrano che perfino allora era possibile dubitare: bastava non permettere che nel proprio foro interiore la voce della ragione venisse sopraffatta dal frastuono della più sospettabile delle propagande. *Nuremberg* fa di Bardèche uno degli antesignani del revisionismo olocaustico; in carcere egli sarà fra i primi lettori del *Mensonge d'Ulysse* di Rassinier e se ne servirà per la preparazione della propria autodifesa.

E *Nuremberg* è molte altre cose ancora. Si può, lo ripetiamo, non concordare minimamente con le premesse ideologiche di Bardèche. Ma il suo ripristino di alcune evidenze testimonia di una pulizia morale e intellettuale in cui è raro imbattersi. Per certi versi quello che viene qui riproposto è anche un libretto profetico: la globalizzazione vi è descritta con un anticipo di più decenni. E non è attualissima la questione della sinistra « ingerenza umanitaria »?

Ed è, *Nuremberg*, un'estrema espressione letteraria di un filone tutto francese che sembra paradossale, ma non lo è, vedere affiorare in colui che si considerava « uno scrittore fascista »: il filone del socialismo proudhoniano, che era anch'esso *un* nazional-socialismo; ed era stata una sorta di bizzarria della storia a realizzare il paradosso di portarlo a convergere, quel filone, con tutt'altro nazionalsocialismo. Ma sarebbe, questo, un discorso lungo e complesso. Accontentiamoci di constatare che l'ascendenza proudhoniana era una fra quelle che permettevano allo « scrittore fascista » di considerare le cose senza venir meno, a differenza di tanti a lui vicini, agli imperativi nascenti da un senso di umanità che gli faceva onore.

H.d.B.

CENNI BIOGRAFICI

La critica letteraria e la politica sono stati i grandi amori "intellettuali" di Bardèche. In entrambi i campi i suoi scritti hanno lasciato un segno personalissimo e dal difficile oblio, merito anche di uno stile raffinato, elegante, e di una grande lucidità di pensiero, sempre accompagnata da un'onestà non comune. Alcuni saggi su Proust, Flaubert, Stendhal, Celine e l'amato Balzac fanno del loro autore uno dei maggiori studiosi della letteratura francese. *Norimberga ossia la terra promessa*, sull'altro versante, occupa un posto di grande rilievo e lo consacra tra i fondatori del revisionismo contemporaneo. Condannato, per questo suo lavoro, ad un anno di reclusione, trascorse in carcere alcune settimane. Dopo il suo rilascio fondò la rivista *Défance de l'Occident* che darà ospitalità agli scritti di Rassinier e Faurisson, permettendo così al revisionismo di crescere e irrobustirsi. Già nel 1948 aveva fondato la casa editrice *Les Sept Couleurs* un omaggio e una necessità al contempo. La necessità di esprimere le sue idee, di far sentire la sua voce e quella di altri, un omaggio, anche nel nome, a Brasillach, il "poeta assassinato", quel Brasillach che era stato non solo suo cognato, ma anche e soprattutto l'amico di sempre, il fratello d'elezione. Maurice Bardèche ci ha lasciato, all'età di 91 anni, il 30 luglio 1998.

MAURICE BARDÈCHE

Epigrafe

Salomone contò tutti gli stranieri che erano nel paese d'Israele e il cui censimento era stato già fatto da David, suo padre. Erano centocinquantatremilaseicento. Ed egli ne prese settantamila per portare i carichi, ottantamila per tagliare le pietre della montagna e tremilaseicento per sorvegliare il popolo e farlo lavorare.

Secondo libro delle "Cronache".2,17-18

Prima Parte

Io non difendo la Germania: difendo la verità. Non so se la verità esista ed anzi molte persone si affannano a dimostrarmi con ragionamenti che non esiste affatto, ma so che la menzogna esiste, che esiste la deformazione sistematica dei fatti. Noi viviamo da tre anni su un "falso" della storia. É un'abile falsificazione che dapprima accende la fantasia e si appoggia quindi sulla cospirazione delle fantasie stesse. Si è cominciato col dire: ecco tutto ciò che avete sofferto. E poi: ricordatevi di tutto ciò che avete sofferto. È stata perfino inventata una filosofia di questo falso, la quale ci spiega che la nostra realtà di allora non ha alcuna importanza, ma soltanto conta "l'immagine" che ne appariva. Sembra che tale trasposizione sia "l'unica realtà". Il gruppo Rotschild viene promosso così ad esistenza metafisica.

Io credo stupidamente alla verità: credo, perfino, che essa finisca col trionfare su tutto ed anche sull'immagine. Il destino precario del falso inventato dalla resistenza ce ne ha già fornito la prova. Oggi il blocco e' spezzato i colori si scrostano: i cartelloni pubblicitari durano poco tempo. Ma allora, se la propaganda delle democrazie ha mentito per tre anni su di noi, se ha travisato le nostre azioni, come crederle quando ci parla della Germania? Non può aver falsificato la storia dell'occupazione nello stesso modo con cui ha presentato falsamente il comportamento del governo francese? L'opinione pubblica comincia a rettificare il suo giudizio sull'epurazione. Non dobbiamo chiederci se non debba farsi la medesima revisione sulla condanna pronunciata dai medesimi giudici a Norimberga? Non e' per lo meno onesto, ed anzi necessario, porci questo quesito? Se il provvedimento giudiziario che ha colpito migliaia di francesi è impostura chi ci prova il contrario per quello da cui sono stati colpiti migliaia di tedeschi?

Abbiamo il diritto di disinteressarcene?

Potremo sopportare che migliaia d'uomini, in questo momento, soffrano e si ribellino al nostro rifiuto di testimoniare, alla nostra viltà, alla nostra falsa pietà? Essi respingono la camicia di forza che vogliamo imporre alla loro voce e al loro passato: sanno che i nostri giornali mentono, i nostri scrittori mentono; lo sanno e non lo dimenticheranno. Lasceremo che su di noi cada il loro sguardo di giusto disprezzo? Sappiamo bene che tutta la storia di questa guerra e' da rifare: rifiuteremo il nostro apporto alla verità?

Abbiamo visto questi uomini installati nelle nostre case e nelle nostre città: essi sono stati i nostri nemici e, cosa molto più crudele, i nostri padroni. Questo fatto non toglie loro il diritto che tutti gli uomini hanno alla verità e alla giustizia; il loro diritto all'onestà degli altri uomini. Hanno combattuto coraggiosamente, hanno subito il destino della guerra che avevano accettata: oggi, distrutte le loro città, abitano tra le rovine, non possiedono più nulla, vivono come mendicanti di ciò che il vincitore largisce loro, i bambini muoiono e le figlie sono preda dello straniero: la loro miseria va oltre l'immaginazione umana. Rifiuteremo loro il pane e il sale? E se questi mendicanti di cui stiamo facendo dei proscritti fossero in definitiva uomini come noi? Se le nostre mani non fossero più pure delle loro e le nostre coscienze non fossero più limpide delle loro coscienze? Se ci fossimo sbagliati? Se ci avessero mentito?

Tuttavia su questa sentenza senza possibilità di appello, i vincitori ci chiedono di fondare il dialogo con la Germania, o piuttosto di rifiutarlo. Si sono impadroniti della spada di Geova e hanno scacciato il tedesco dalle terre umane. La rovina della Germania non bastava ai vincitori. I tedeschi non sono soltanto dei vinti, sono dei vinti speciali. In loro è stato vinto il Male: bisogna persuaderli che sono dei barbari, "i barbari ". Tutto ciò che stava accadendo, l'ultimo grado della miseria, una desolazione da diluvio universale, la patria sprofondata come Gomorra ed essi soli, erranti, attoniti, in mezzo alle rovine come all'indomani della fine del mondo, bisognava insegnar loro che era "fatto bene", come dicono i bambini. Era una giusta punizione del cielo. I tedeschi dovevano sedere sulle loro rovine e battersi il petto perché "erano stati dei mostri". Ed è giusto che le città dei mostri siano distrutte e così le loro donne e i figlioletti. E la radio di tutti i popoli del mondo, e la stampa di tutti i popoli del mondo, e milioni di voci da tutte le parti del mondo, senza eccezione, senza note false, si misero a spiegare all'uomo assiso sulle rovine perché era un mostro.

Questo libro è rivolto a quei reprobi. Bisogna che sappiano che non tutto il mondo ha accettato ciecamente il verdetto dei vincitori : un giorno o l'altro verrà il tempo di appellare. I tribunali formati con la vittoria delle armi pronunziano soltanto sentenze effimere. L'opportunismo politico e la paura revocano già questi giudizi. La nostra opinione sulla Germania e sul regime nazionalsocialista è indipendente dalle contingenze attuali. Nello scrivere questo libro, abbiamo una sola ambizione: quella di poterlo rileggere tra quindici anni senza vergogna. Quando ci sembrerà che l'esercito tedesco e il partito nazionalsocialista abbiano commesso dei delitti, naturalmente li chiameremo delitti. Ma quando giudicheremo che le accuse portate contro di loro siano frutto di sofismi e di menzogne, denunceremo quei sofismi e quelle menzogne. Tutto ciò somiglia un po' troppo a un'illuminazione di teatro: si puntano i riflettori e s'illumina una scena, il resto rimane in ombra. É ora di accendere i lampadari e di guardare in faccia gli spettatori.

In via preliminare, osserviamo subito che il processo fatto alla Germania, o più esattamente al nazionalsocialismo, ha una base solida, molto più solida di quanto sia generalmente creduto. Soltanto non è quella proclamata. Le cose, per la verità, sono molto più drammatiche di come vengono prospettate; il fondamento dell'accusa, il movente dell'accusa è molto più angoscioso per i vincitori.

L'opinione pubblica e i mandanti delle potenze vincitrici affermano dì essersi eretti a giudici quali rappresentanti della civiltà ! É la spiegazione ufficiale, ed anche il sofisma ufficiale, giacché si prende per principio e base sicura proprio ciò intorno a cui verte la discussione. Soltanto alla fine del processo aperto tra la Germania e gli alleati si potrà dire da quale parte la civiltà fosse. Non certo al principio, e soprattutto non è una delle parti in causa che potrà dirlo. Gli Stati Uniti, l'Inghilterra e l'URSS hanno spostato i loro giuristi più sapienti per sostenere un ragionamento da bambini: "Da quattro anni la nostra radio ripete che siete dei barbari, siete stati vinti, dunque siete dei barbari". Giacché è evidente che il signor Shawcross, il signor Jackson e il signor Rudenko non fanno altro, quando dal pulpito di Norimberga si appellano all'indignazione unanime del popolo civile, indignazione provocata, sostenuta, condotta dalla loro propaganda e che può essere diretta come una nube di cavallette su qualsiasi forma di vita politica a loro non accetta. Ora, cerchiamo di vederci chiaro, di non prendere abbagli. Quell'indignazione prefabbricata è stata per lungo tempo ed è ancora il principale fondamento dell'accusa contro il regime tedesco. L'indignazione del mondo civile impone il processo, ne guida la condotta, e, infine, tutto: i giudici di Norimberga sono soltanto i segretari, gli scribi di quella unanimità. Ci mettono a forza occhiali rossi e c'invitano subito dopo a dichiarare che le cose sono rosse. Ecco un programma d'avvenire i cui meriti filosofici non siamo riusciti fino ad ora a catalogare.

La verità è tutt'altra. Il fondamento vero del processo di Norimberga, quello che nessuno ha mai osato designare, temo sia la paura: è lo spettacolo delle rovine, il panico del vincitore. "Bisogna che gli altri abbiano torto". É necessario, perché se per caso essi non fossero stati dei mostri, quale peso immane avrebbero le città distrutte e le bombe al fosforo. L'orrore, la disperazione dei vincitori è il vero motivo del processo. Si sono velati il viso davanti alla necessità di certe cose e, per infondersi coraggio, hanno trasformato i loro massacri in crociate. Hanno inventato a posteriori il diritto al massacro in nome dell'umanità. Da assassini si sono promossi gendarmi. Si sa del resto che, da una certa cifra di morti in su ogni guerra diviene obbligatoriamente una guerra del diritto. La vittoria è completa soltanto quando, dopo aver forzato la cittadella, si conquistano le coscienze. Da questo punto di vista il processo di Norimberga è un mezzo di guerra moderna meritevole di essere descritto quanto un bombardiere.

La stessa cosa era stata già tentata nel 1918, ma siccome la guerra fu allora soltanto una costosa operazione militare, bastò rifilare ai tedeschi la responsabilità dell'aggressione. Nessuno voleva essere responsabile dei morti. Si accollò tutto ai vinti obbligando i loro negoziatori a firmare che la Germania era responsabile della guerra. Ma questa volta, in un conflitto divenuto dalle due parti il massacro degli innocenti, non bastava ottenere dai vinti il riconoscimento dell'aggressione. Per giustificare i crimini commessi nella condotta della guerra, era assolutamente necessario scoprirne di più gravi dall'altra parte. Era necessario assolutamente che i bombardieri inglesi e americani apparissero come la spada del Signore. Gli alleati non avevano scelta. Se non affermavano solennemente, se non provavano con qualsiasi mezzo di essere stati i salvatori dell'umanità, non erano che assassini. Se un giorno gli uomini cesseranno di credere alla "mostruosità tedesca", non domanderanno conto delle città distrutte?

Appare dunque evidente l'interesse della propaganda inglese e americana, e, in minor grado, della propaganda sovietica, nel sostenere la tesi dei "crimini tedeschi". E apparirà anche più chiaro osservando che questa tesi, nonostante il suo interesse pubblicitario, si è fissata tardivamente nella sua forma definitiva.

Da principio nessuno ci credette: le radio si sforzavano di giustificare l'entrata in guerra, l'opinione pubblica temeva in verità un'egemonia tedesca, ma non credeva ad una "mostruosità tedesca". Gli ufficiali, durante i primi mesi dell'occupazione, dicevano :"Non si ripeterà lo scherzo delle atrocità tedesche". I bombardamenti di Coventry e di Londra, primi bombardamenti aerei di popolazioni civili, guastarono quella fiducia. E, poco dopo, la guerra sottomarina, l'occupazione, gli ostaggi, le rappresaglie. Le radio allora conseguirono il primo successo con l'avvelenamento dell'opinione pubblica. I tedeschi erano mostri perché erano avversari sleali, perché credevano solo alla legge del più forte. Di fronte a loro stavano nazioni corrette, sempre battute perché si comportavano con lealtà. I popoli però non ritennero ancora i tedeschi dei "mostri", riconobbero i temi di propaganda contemporanei del Kaiser e alla grossa Bertha.

L'occupazione dei territori dell'est e, contemporaneamente, la lotta intrapresa in tutta Europa contro il terrorismo e il sabotaggio, fornirono altri argomenti. I tedeschi erano "mostri" perché da per tutto erano inseguiti dai loro uccisori. Si montò su un piedistallo il mito della Gestapo: in tutta Europa gli eserciti tedeschi instaurarono il terrore, le notti erano popolate d'ossessionanti rumori di passi, le prigioni erano piene e ad ogni alba risuonavano crepitii di fucili. Il senso di questa guerra diventava chiaro: milioni di uomini, da un capo all'altro del continente, lottavano per la liberazione dei nuovi schiavi; i bombardieri si chiamarono "Liberatori". A quel tempo l'America entrò in guerra. I popoli non credevano ancora che i tedeschi fossero mostri, ma accettavano già la guerra come una crociata per la libertà. Fu il secondo stadio dell'avvelenamento.

Queste immagini non corrispondevano però ancora al voltaggio della nostra attuale propaganda. La ritirata delle armate tedesche dall'est permise finalmente di lanciare la parola. Era il momento atteso: il riflusso tedesco lasciava dei relitti. Si parlò di crimini di guerra e una dichiarazione del 30 ottobre 1943 permise, con soddisfazione generale, di segnalare quei crimini all'opinione pubblica e di prevederne la punizione. Questa volta i tedeschi erano "mostri" sul serio, tagliavano le mani ai bambini, come sempre si era detto. Non era più forza: era barbarie. A partire da quel momento, il mondo civile "proclamava contro di loro i suoi diritti": giacché alla fine vi sono pure delle coscienze delicate che non ammettono di punire la slealtà con i bombardamenti aerei né di considerare il regime autoritario come un delitto di diritto comune, mentre tutti sono pronti a castigare severamente i massacratori di bambini, a metterli fuori delle leggi di guerra. Vi era flagrante delitto; e fu diffuso e sfruttato. I popoli cominciarono a pensare che i tedeschi potevano davvero essere mostri e si giunse al terzo grado d'avvelenamento, il quale consiste nel dimenticare ciò che si fa ogni notte nelle incursioni, a forza di pensare rabbiosamente a ciò che avviene ogni giorno nelle prigioni.

A questo si sperava, sin da principio, di condurre le coscienze; in questa disposizione bisognava mantenerle. E tanto più era necessario perché poco dopo, nel dicembre 1943, i metodi di bombardamento cambiarono: invece dì prendere di mira obiettivi militari, gli aviatori alleati ricevettero ordine di applicare la tattica del bombardamento a tappeto che distruggeva città intere. E quelle distruzioni apocalittiche esigevano, è chiaro, una mostruosità corrispondente. La necessità era così assoluta che, da quel momento, furono gettate le basi di una potente organizzazione di controllo dei crimini tedeschi: la sua missione fu quella di installarsi sulle orme delle prime ondate di occupazione, presso a poco come in Russia le formazioni di polizia seguivano l'avanzata delle truppe blindate. Quest'accostamento è suggestivo: i tedeschi facevano piazza pulita, gli americani accusavano, tutti avevano fretta. Come si sa, tali ricerche furono coronate dal successo. Nel gennaio 1945, furono scoperti, con un colpo di fortuna, quei campi di concentramento di cui nessuno sino ad allora aveva sentito parlare, e che diventarono la prova necessaria, il flagrante delitto allo stato puro, il "crimine contro l'umanità" che giustificava tutto. Furono prese fotografie, girati film, fatte pubblicazioni, tutto fu portato a conoscenza con una pubblicità spaventosa, simile ad una marca di stilografica. La guerra morale era vinta. La mostruosità tedesca era provata da quei documenti preziosi. Il popolo che aveva inventate cose simili non aveva il diritto di lamentarsi di nulla. E il silenzio fu tale, il sipario fu levato così abilmente e bruscamente, che non una voce si alzò ad osservare quanto tutto ciò fosse troppo bello per esser vero.

Così fu affermata la colpevolezza tedesca, per ragioni diversissime secondo i tempi: l'unica cosa da notare è che tale colpevolezza aumenta a mano a mano che si moltiplicano i bombardamenti. Questo sincronismo è di per se stesso abbastanza sospetto, e dobbiamo accogliere con cautela le accuse di governi i quali hanno un bisogno così evidente di moneta spicciola.

Non è inutile, forse, osservare un po' da vicino quest'ammirevole macchina. Innanzi tutto, i più sinceri complimenti ai tecnici (per la maggior parte ebrei) che hanno orchestrato il programma, e dopo cerchiamo di vederci chiaro, di riconoscerci in questo dramma composto di scene a sorpresa, dove le accuse arrivano proprio al momento giusto come colpi di scena nel melodramma.

Il nostro compito è appunto questo e il mio libro è soltanto una prima pietra. Esso conterrà più domande che affermazioni, più analisi che documenti. Ma è già qualche cosa mettere un po' d'ordine in una materia presentata deliberatamente in stato di confusione. Il lavoro è stato fatto così bene che oggi nessuno osa più chiamare le cose con il loro vero nome. "Mostruosi" si sono detti, a volta a volta, gli atti, gli uomini, le idee. Tutte le menti sono adesso colpite da stupore; legate, inerti, brancolano in un mondo ovattato di menzogne. E talvolta, quando incontrano alcune verità, se ne allontanano con orrore perché le verità sono proscritte. Il primo oggetto di queste riflessioni sarà dunque una specie di restaurazione dell'evidenza. Questo lavoro di rettifica non deve essere però limitato ai fatti. Il tribunale di Norimberga ha giudicato in nome di certi principi, di una certa morale politica. Tutte quelle accuse hanno il loro rovescio. Ci viene proposto un avvenire fondato su una condanna del passato. Noi vogliamo veder chiaro anche in quell'avvenire, vogliamo guardare in faccia quei principi. Notiamo già anche che questa nuova etica si riferisce ad un mondo strano, un mondo simile a quello di un malato, un mondo elastico che i nostri sguardi non riconoscono più: un mondo però che è quello degli "altri", precisamente quello presentito da Bernanos quando temeva il giorno in cui si sarebbero realizzati i sogni racchiusi nel cervello sornione di un piccolo lustrascarpe negroide del ghetto di New York. Ci siamo: le coscienze sono adulterate, il giuoco di Circe è riuscito: siamo diventati tutti ebrei.

Cominciamo dunque col descrivere l'edificio del processo di Norimberga alle cui sommità s'innalza l'Acropoli della città nuova. Là mettono capo le accuse là comincia il mondo futuro.

La segreteria del tribunale militare internazionale ha cominciato dall'anno scorso la pubblicazione del resoconto stenografico del processo di Norimberga. Questa pubblicazione deve comprendere 24 volumi, in quarto, di circa 500-700 pagine ciascuno. L'edizione francese comprende attualmente 12 volumi, che corrispondono soprattutto ai documenti d'accusa. Questa parte del lavoro ci basta, giacché l'accusa, con quello che dice, porta su se stessa un giudizio preciso. Ci sembra inutile udire la difesa.

Ricordiamo innanzitutto un po' d'architettura. Il tribunale militare internazionale fu deliberato dagli accordi di Londra dell'otto agosto 1945 conclusi tra la Francia, la Gran Bretagna e l'Unione delle Repubbliche Sovietiche. A quegli accordi erano annessi uno statuto del tribunale che stabiliva la composizione, il funzionamento, la giurisprudenza del tribunale stesso e la lista delle azioni da considerarsi come criminali. Si seppe dunque per la prima volta da questo statuto pubblicato l'otto agosto 1945, che certi atti mai menzionati sinora nei testi di diritto internazionale, erano considerati come criminali, e che gli accusati avrebbero dovuto risponderne appunto come tali. Si seppe inoltre che l'immunità, la quale sempre copre gli esecutori di ordini, non sarebbe stata presa in considerazione e che il tribunale avrebbe potuto dichiarare una data organizzazione politica portata davanti ad esso non un'organizzazione politica, ma un'associazione di malfattori riuniti allo scopo di perpetrare un complotto o crimine; tutti i suoi membri quindi potevano essere trattati come cospiratori e criminali.

Il processo si svolse durante un anno, dall'ottobre 1945 all'ottobre 1946. Il tribunale era costituito da tre giudici, l'uno americano, il secondo francese, l'altro russo; e presieduto da un alto magistrato britannico, Lord Justì ce Lawrence. L'accusa fu sostenuta da quattro procuratori generali assistiti da quarantanove magistrati minori in uniforme. Una segreteria importante era stata incaricata di riunire e classificare i documenti. I capi di accusa furono quattro: "complotto" (l'azione politica del partito nazionalsocialista fin dalla sua origine è equiparata ad un complotto); "crimini contro la pace" (accusa di aver procurato la guerra); "crimini di guerra" e "crimini contro l'umanità". L'accusa fu sostenuta mediante una serie d'esposti del pubblico ministero; ciascuno di tali esposti si basava sulla produzione di documenti pubblicati dopo il processo. Tutto il mondo sa, poiché la stampa l'ha spiegato minuziosamente, che gli esposti venivano letti davanti ad un microfono: dovevano essere pronunciati con lentezza, ogni frase era separata dalla seguente da una pausa. Immediatamente i traduttori traducevano. Gli accusati, gli avvocati e i membri del pubblico ministero disponevano di cuffie attraverso le quali potevano ascoltare i dibattiti nella propria lingua, mettendosi sulla lunghezza d'onda corrispondente all'emissione del proprio traduttore. Questa virtuosità tecnica ha colpito molto le fantasie e tuttavia, a ben riflettere, non è certo questa la cosa più sorprendente del processo.

Le apparenze della giustizia furono salvaguardate in modo perfetto. La difesa aveva pochi diritti, ma quei pochi furono rispettati. Qualche zelante ausiliario del pubblico ministero fu richiamato all'ordine per essersi permesso di qualificare, prematuramente, gli atti sui quali doveva fare il proprio rapporto. Il tribunale interruppe l'esposto del pubblico ministero francese per il suo carattere sleale e dispersivo, e rifiutò di ascoltarne il seguito. Molti accusati furono assolti. Le forme infine furono perfette e mai giustizia più discutibile fu resa con maggior correttezza.

Questo apparato moderno, infatti, come si sa ebbe per risultato di resuscitare la giurisprudenza delle tribù negre. Il re vincitore s'insedia sul suo trono e fa chiamare gli stregoni: e lì, davanti ai guerrieri seduti sui talloni, i capi vinti, vengono sgozzati. Cominciamo a temere che tutto il resto sia commedia; e il pubblico, dopo diciotto mesi, non si fa già più ingannare da questa messa in scena. Vengono sgozzati perché sono stati vinti. Nessun uomo giusto può negare che le stesse atrocità di cui li si rimprovera possano essere rimproverate ai comandanti degli eserciti alleati: le bombe al fosforo valgono i campi di concentramento. Il tribunale americano che ha condannato Göring a morte, non ha maggiore autorità agli occhi del mondo, del tribunale tedesco che avrebbe potuto condannare Roosevelt. Un tribunale che fabbrica le leggi dopo essersi installato sul suo seggio, ci riporta ai confini della storia. Nemmeno al tempo di Chilperico si osava giudicare in questo modo. La legge del più forte è un atto leale al confronto. Quando il Gallo grida: *Vae victis,* per lo meno non crede d'essere Salomone. Quel tribunale invece è riuscito ad essere un'assemblea di negri in colletto duro: è il programma della nostra futura civiltà. Una specie di mascherata, un incubo: sono vestiti da giudici, sono gravi, sono incappellati nelle loro cuffie, hanno teste da patriarchi, leggono carte con voce dolciastra, contemporaneamente in quattro lingue, ma in realtà sono re negri travestiti; nella sala gelida e rispettosa si ode in sordina il tamburo di guerra delle tribù. Sono negri pulitissimi e perfettamente modernizzati. Essi, senza saperlo hanno ottenuto, nella loro ingenuità ed incoscienza di negri, un risultato senza dubbio imprevisto: con la loro malafede hanno riabilitato quelli stessi la cuidifesa era quasi impossibile, ed hanno dato a milioni di tedeschi rifugiati nel disastro, resi grandi dalla disfatta e dalla loro condizione di vinti, il diritto di disprezzarli. Göring, beffardo, sapeva bene di essere approvato in tutto, giacché essi agivano, nei loro paludamenti di giudici, in nome della legge del più forte, che era la sua legge. E, ridendo, guardava Göring mascherato da giudice giudicare Göring mascherato da forzato.

Del resto, l'aspetto secondario ed esteriore di questa commedia giudiziaria non e' il più interessante. Che il giudizio reso dai capi americani sui capi tedeschi sia stato un errore politico, è un punto su cui gran parte dell'opinione pubblica è oggi d'accordo, compresa una parte della stampa americana. Ma è un errore politico tra molti altri. Il tribunale di Norimberga è stato, in fondo, una forma di giustizia sommaria; e ciò importa poco. Ciò che importa maggiormente, e che rimproveriamo sul serio ai giudici di Norimberga, è di non essersi accontentati di essere una giustizia sommaria: noi contestiamo la loro pretesa di essere veri giudici, noi attacchiamo proprio ciò che i loro difensori difendono. Esaminiamo dunque quella pretesa. Chiamiamo al tribunale della verità non gli uomini di stato americani colpevoli di condannare l'uomo di stato tedesco che firmò con loro la resa, ma la coscienza universale. Poiché essi sostengono di essere la saggezza, fingiamo dì considerarli effettivamente saggi; poiché dicono di essere la legge, accettiamoli per un momento come legislatori. Penetriamo al seguito dei signori Shawcross, Justice Jackson e Rudenko nei giardini del nuovo diritto: sono terre popolate di prodigi.

Questi prodigi non è possibile ignorarli. Il viaggio che stiamo per intraprendere ha qualche cosa d'emozionante perché non possiamo negligere il mondo che ci circonda. É il mondo in cui vivremo. I tedeschi sono gli accusati, ma il mondo intero, e noi stessi, siamo vincolati, poiché quello che faremo contro la giurisprudenza di Norimberga è ormai un delitto e potrà esserci imputato come tale. Questo processo ha emanato una legge delle nazioni, che nessuno può ignorare: ottocentomila cinesi saranno forse impiccati tra dieci anni in nome dello statuto di Norimberga, nello stesso modo che duecentomila tedeschi sono oggi nei campi di concentramento in onore del patto BriandKellogg di cui non hanno forse mai sentito parlare.

La prima terrazza sulla quale si elevano i nuovi giardini del diritto è una concezione modernissima della responsabilità. Finora avevamo creduto di dover rispondere soltanto dei nostri atti e su questo principio avevamo fondato le nostre umili ragioni. Questo principio è sorpassato. Per dare una base stabile alla morale delle nazioni, essa è stata fondata sulla responsabilità collettiva.

Intendiamoci bene su questo punto. I giudici di Norimberga non hanno mai affermato che il popolo tedesco fosse collettivamente responsabile degli atti del regime nazionalsocialista, anzi hanno molte volte asserito il contrario. Il popolo tedesco è condannato in massa dall'opinione dei popoli civili, esso "fa orrore" : ma i giudici affettano serenità e tengono a non porlo sotto accusa nella sua interezza. Tuttavia il diritto dei popoli è come l'imposta; gli occorre qualche cosa d'imponibile. Perché ci sia un giudizio, innanzi tutto sono necessari dei colpevoli, ed è intollerabile che al loro posto si trovi invece una gerarchia che culmina in un solo capo responsabile, il quale vi giuoca il brutto tiro di uccidersi. E così il nuovo diritto precisa subito le competenze. Colpevoli sono tutti coloro che fanno parte di una "organizzazione criminale". Nulla di più logico. Tuttavia le difficoltà cominciano proprio qui, giacché le nozioni del nuovo diritto hanno tutte qualche cosa di vago, sono dilatabili all'infinito., Un'organizzazione criminale assomiglia ad un romanzo poliziesco: il colpevole si conosce soltanto alla fine. Così i quadri del partito nazionalsocialista costituiscono un'organizzazione criminale, ma i quadri del partito comunista (assai simili) non costituiscono un organizzazione criminale.

Nei due casi, gli uomini hanno tuttavia lo stesso carattere, adoperano gli stessi metodi e con l'identico fanatismo si propongono lo stesso fine e cioè la dittatura del partito. Non vi è dunque nulla nella loro composizione o, come dicono i filosofi, nella loro essenza che distingua i due gruppi l'uno dall'altro. E nemmeno nella condotta: lo storico, infatti, pretende che i responsabili del partito comunista non sono più rispettosi della vita e della libertà umane di quanto lo furono i capi responsabili del partito nazionalsocialista. Dovremmo dunque umiliarci a concludere che condanniamo gli uni perché li teniamo sotto i piedi, e non processiamo gli altri perché essi possono infischiarsene? Quest'ipotesi va pure presa in considerazione. La giurisdizione internazionale ha una competenza limitata ai paesi sottoposti e vinti. Essa chiama "inconveniente" nei forti ciò che chiama "crimine" nei vinti. Essa è radicalmente diversa dalla giurisdizione penale o civile, nel senso che non può colpire certe azioni ed è perciò impotente a stabilire una qualificazione universale vera delle azioni. Questa giustizia è come la luce del giorno: rischiara soltanto la metà delle terre abitate.

La sua impotenza è il difetto minore; nell'impotenza c'è una certa buona fede. Ma la legge internazionale è schiava, inoltre, delle contingenze politiche; vi sono condanne che "non vuole" pronunciare. I dirigenti politici del partito comunista potrebbero benissimo, teoricamente, essere condannati in blocco da un tribunale impotente a far eseguire la sua sentenza: ciò sarebbe meno grave che vedere un tribunale ignorare deliberatamente la somiglianza evidente tra i dirigenti comunisti ed i dirigenti nazionalsocialisti. Risulta qui chiaramente che una giustizia uguale per tutti non c'è, né può esservi. Non è più "secondo che sarete potenti o miserabili", ma "secondo che sarai dall'una o dall'altra parte". Appare allora una trasposizione del carattere criminale dall'essenza alla finalità, e nemmeno alla vera finalità dell'organizzazione, alla sua finalità lontana (giacché il tribunale non ammette ufficialmente il carattere "progressista" della dittatura staliniana), ma ad una finalità vicina di cui il tribunale è unico giudice. Gli stessi atti non sono più criminali per definizione, in sé; lo sono o non lo sono secondo una certa ottica. Le deportazioni che servono la causa della democrazia non sono considerate dalla nuova giurisprudenza come atti criminali, mentre ogni deportazione è delittuosa nel campo dei nemici della democrazia. Così il tribunale vede tutti gli atti sotto un indice di rifrazione, come si guardano i bastoni nell'acqua: sotto un certo angolo sono diritti, sotto un altro tortuosi.

Tutto ciò rende la vita assai difficile a noi privati: ne consegue, infatti, che nessuno può mai essere sicuro di non far parte di un organizzazione criminale. Il calzolaio tedesco, padre di tre bambini, vecchio combattente di Verdun, che ha preso nel 1934 la tessera del partito nazista, è stato accusato dal pubblico ministero di far parte di un'organizzazione criminale. Cosa faceva di diverso il commerciante francese, padre di tre bambini, vecchio combattente di Verdun, entrando nel movimento "Croci di fuoco"? L'uno e l'altro credevano di appoggiare un'azione politica atta ad assicurare il risorgere del proprio paese. L'uno e l'altro hanno compiuto il medesimo atto: e tuttavia gli avvenimenti hanno dato a ciascuno di quegli atti un valore diverso. L'uno è un patriota (se ha ascoltato la radio inglese, beninteso), ma l'altro viene accusato dai rappresentanti della coscienza umana.

Queste difficoltà sono gravissime. Il terreno ci sfugge sotto i piedi. I nostri sapienti giuristi forse non se ne rendono conto, ma vengono così ad accettare una concezione del tutto moderna della giustizia: quella che nell'URSS servì di base ai processi di Mosca. La nostra concezione della giustizia era stata sinora romana e cristiana: romana, in quanto esige che ogni atto punibile riceva una qualifica invariabile essenziale all'atto stesso: cristiana, in quanto deve essere sempre considerata l'intenzione, sia per aggravare, sia per attenuare le circostanze dell'atto qualificato delitto. Esiste tuttavia un'altra concezione della colpa e per molti versi può chiamarsi marxista: essa consiste nel pensare che un azione qualsiasi, non colpevole in sé né per la sua intenzione al momento in cui fu commessa, può apparire legittimamente colpevole in una certa visuale posteriore degli avvenimenti. Non faccio paragoni. I marxisti sono senza dubbio in buona fede, giacché essi vivono in una specie di mondo non euclideo ove le linee della storia appaiono raggruppate e deformate o, se si vuole, armonizzate in una prospettiva marxista. Shawcross e Justice Jackson, invece, rappresentanti inglese e americano, vivono in un mondo euclideo, ove tutto è sicuro, chiaro o almeno dovrebbe esserlo, e dove i fatti dovrebbero essere fatti e nulla più. Soltanto la loro malafede ci trasporta in un mondo instabile; e là le nostre intenzioni non contano più, persino le azioni non contano, "ciò che noi siamo in realtà non conta". La nostra storia e la nostra vita può essere ormai plasmata e rifatta da una specie di demiurgo politico, da un vasaio che le darà una forma mai avuta prima. Ciascuna delle nostre azioni nel mondo che si prepara è come una bolla di sapone tenuta dalla storia in cima alla sua cannuccia: alla fine essa può dargli la forma e la colorazione che vuole. Allora si avanza il giudice e dice: "Voi non siete più un calzolaio tedesco o un commerciante francese come credevate siete un mostro, eravate iscritto ad un'associazione di malfattori, avete partecipato ad un complotto contro la pace, com'è chiaramente indicato nella 1ª sezione del mio atto d'accusa".

Difficilmente potremo rispondere ai tedeschi se un giorno ci diranno di non veder nulla di "mostruoso" nel nazionalsocialismo: certo possono essere stati commessi degli eccessi, com'è avvenuto in tutte le guerre, e ogni volta che un regime deve affidarsi alla protezione della polizia contro il sabotaggio. Ma nulla in tutto questo tocca l'essenza del nazionalsocialismo, ed essi sono persuasi ancora di aver lottato per la giustizia e per verità, per ciò che credevano allora e continuano a credere adesso giusto e vero. Che risponderemo a quegli uomini contro i quali abbiamo intrapreso una guerra di religione? Essi pure hanno i loro santi, che risponderemo ai loro santi? Quando uno qualsiasi tra loro ricorderà quest'immensa messe di grandezza e di sacrificio che la giovane Germania ha offerto con tutte le sue forze, quando ci saranno presentate migliaia di spighe bellissime che diremo, noi, complici dei giudici, complici della menzogna? Abbiamo giudicato in nome di una certa nozione del progresso umano: chi ci garantisce l'esattezza di questa nozione? È una religione come un'altra: chi garantisce che sia la vera religione? Metà degli uomini la riconosce già falsa, dice d'essere pronta a morire per il trionfo di un'altra fede. Dov'è la verità allora? É la nostra religione o quella delle Repubbliche Socialiste Sovietiche? E se già nessuno può sapere quali fra i giudici siano i detentori della verità, che valore ha quell'assoluto in nome del quale abbiamo sparso la distruzione e la sventura? Chi prova che il nazionalsocialismo non fosse anch'esso la verità? Quale prova abbiamo di non aver preso per "essenziale" alcune contingenze, accidenti inevitabili della lotta, come potrebbe accadere per il comunismo ad esempio: o più semplicemente ancora, e se avessimo mentito? E se il nazionalsocialismo fosse stato invece la verità e il progresso o almeno una forma della verità e del progresso? Se al mondo futuro, per costruirsi, fosse necessario scegliere tra il comunismo e un nazionalismo autoritario, se la concezione democratica, ormai condannata dalla storia, non fosse vitale? É ormai generalmente ammessa la distruzione di città intere per il trionfo dell'essenziale, per la salvezza della civiltà: e se il nazionalsocialismo fosse anch'esso uno di quei carri che portano gli dei e le cui ruote debbono pur passare, se necessario, su migliaia di corpi? Le bombe non provano nulla contro un'idea. Se noi distruggessimo un giorno la Russia sovietica, il comunismo sarebbe per questo meno vero? Chi può essere sicuro d'avere Dio dalla sua parte? Qui, in fondo; alla base della lotta c'è soltanto una Chiesa contro un'altra Chiesa. Le metafisiche non possono provarsi.

Ma quesiti simili ci porterebbero troppo lontano. Essi hanno una sola ragione di esser ed è che una volta di più, e in modo diverso, ci fanno comprendere come la situazione dei vincitori sia drammatica e precaria, e come l'ingiustizia sia loro assolutamente necessaria. È un nuovo affare Dreyfus. Se l'accusato è innocente, il mondo degli altri oscilla sulle sue basi. Ascoltiamoli con attenzione e torniamo alle nostre meditazioni giudiziarie; cioè al nostro calzolaio tedesco il quale, senza saperlo, si è trovato ad essere complice di un'associazione di malfattori. Il complesso giudiziario che deve giudicarlo somiglia molto agli specchi deformanti del museo Grévin.

Constateremo, andando avanti, che questa nuova maniera di concepire la giustizia mette in rilievo un arretramento del mondo cristiano; mondo non rigorosamente euclideo come quello romano, come il diritto romano, ma che ci rendeva possibile una reversibilità. Nella concezione cristiana della giustizia, l'uomo poteva sempre difendere l'intenzione. Anche se i propri atti lo spaventavano: giacché il fenomeno d'ottica così importante nel nuovo diritto esiste anche nella realtà. Basta una svolta dell'evento, e le nostre azioni possono apparirci con una fisionmia sconosciuta. Azioni estranee ed accessorie colorano diversamente il loro aspetto. Atti di cui siamo irresponsabili pesano con la loro vicinanza sul settore della nostra piena responsabilità. Noi stessi veniamo allora ad essere trasformati da giuochi di luce, d'ombra, di prospettiva. Uno straniero sorge dal passato, e quello straniero siamo noi. La giustizia cristiana era, sotto quest'aspetto, un diritto di reintegrazione della personalità contro il diritto romano, geometrico, scientifico, materialista. Essa aveva provato l'esistenza della prospettiva degli eventi e dava all'uomo il diritto di gridare: "Ma io non l'avevo voluto!" Aveva inoltre introdotto nella giustizia un elemento psicologico, il quale permetteva di opporre alla materialità dei fatti una materialità psicologica spesso in contraddizione con l'altra. La giustizia umana era divenuta innanzi tutto una ricerca delle cause. Si accostava quanto più possibile all'azione, sì chinava sui volti.

Basta ricordare questi principi per comprendere a quanto abbiamo rinunciato. Norimberga non vuol più vedere volti. Norimberga non vuole nemmeno individualizzare le azioni. Norimberga vede masse, pensa attraverso masse e statistiche e tutto consegna alla giustizia temporale. Non si giudica più, è passato di moda: si sfronda si taglia via.

Questa trasformazione della giustizia è avvenuta con l'appoggio degli stessi cristiani, almeno di una parte di loro, e per la maggior gloria di Dio. Si trattava, occorre ricordarlo, di difendere la personalità umana. Non sono sicuro, in verità, che quei cristiani si siano resi conto che quel regresso del diritto era un'abdicazione dello stesso pensiero cristiano, che venivano a cancellare con la loro cooperazione il paziente lavoro integrativo della predicazione di Cristo al diritto romano, che essi rafforzavano anzi alcune posizioni da loro eternamente denunciate. I falsi movimenti causati dalla passione e dalla paura hanno conseguenze più gravi di quanto da principio si crede. La Chiesa si erge oggi a difensore delle persone umane di fronte a governi i quali hanno soltanto applicato, a casa loro, una regola proclamata universale dal processo di Norimberga. Si trova qui la continuità della tradizione cristiana. Ma allora non dovrebbe essa un giorno levarsi contro gli equivoci, condanna re le condanne collettive ovunque siano state pronunciate, e non più soltanto in alcuni paesi d'Europa, e ritirare al nuovo diritto creatosi a Norimberga l'adesione data da principio? Qui bisogna scegliere tra il parlare come Cristo o come il signor François de Menthon.

Dobbiamo tuttavia ammettere che i nostri giuristi possiedono rimedi per ogni cosa ed anche per la vita pericolosa che ci obbligano a condurre. Questi rimedi non sono scritti nel verdetto, non sono stati rivelati all'udienza: essi risaltano dal contesto, dallo spirito di Norimberga per così dire, infine dal modo con cui il processo è stato presentato e commentato. Ma la nostra esegesi sarebbe completa se trascurassimo questi consigli prodigatici da voci autorizzate, alla fine dell'udienza?

Sappiamo da tre anni che i commenti dei cronisti giudiziari avevano altrettanto peso sul destino degli accusati quanto gli articoli del codice. Vedete, dicono i chiosatori dei nuovi giuristi, c'è un modo semplicissimo di riconoscere se l'organizzazione alla quale appartenete rischia di essere un giorno dichiarata criminale. Voi dovete diffidare soprattutto dell'energia. Se da qualche parte subodorate l'aggettivo "nazionalista", se siete invitati a sentirvi padroni a casa vostra, se vi si parla d'unità, di disciplina, di forza, di grandezza, non potete negare che questo sia un vocabolario poco democratico, e conseguentemente voi rischiate di vedere un giorno la vostra organizzazione diventare criminale. Diffidate dei cattivi pensi e sappiate che la criminalità è sempre misurata dalle stesse intenzioni.

I chiosatori qui sono d'accordo col verdetto. Il giudizio che figurò nel primo tomo del processo constata l'esistenza di un "complotto o piano concertato contro la pace". Dichiarazione che solleva molte chiose. É chiaro comunque che il complotto ha inizio con l'esistenza del partito: il partito stesso è lo strumento del complotto e, in definitiva, il complotto. Tale decisione ha strane conseguenze. Essa equivale in realtà, all'interdizione di associarsi per certe rivendicazioni, con certi metodi. É proprio ciò che il tribunale vuol dire: voi vi esponete, egli dice, a commettere un giorno delitti contro pace o delitti contro l'umanità, e non potete pretendere di ignorarlo dopo la pubblicazione di *Mein Kampf*. La condanna insomma è portata sul programma del partito e di conseguenza il giudizio costituisce per l'avvenire un'usurpazione di tutte le sovranità nazionali. Il vostro governo è cattivo, dicono i nostri giuristi, siete liberi di mutarlo; ma potete mutarlo soltanto seguendo certe regole. Voi pensate che l'organizzazione del mondo non sia perfetta: potete provare a modificarla, ma vi è interdetto appoggiarvi a determinati principi. Ora può accadere che le regole imposteci siano proprio quelle che perpetuano l'impotenza e che i principi interdetti siano quelli che distruggerebbero il disordine. E se le regole imposteci fossero esse a perpetuare l'impotenza, e i principi interdetti servissero a distruggere il disordine?

L'accusa di complotto è un'invenzione eccellente. Il mondo è ormai democratico in perpetuo, è democratico per decisione del tribunale. Ormai un precedente giudiziario pesa su ogni specie di risorgimento nazionale. Ciò che è infinitamente grave, giacché ogni partito è in realtà e per definizione un complotto o piano concertato, ogni partito essendo un'associazione d'uomini i quali si propongono di assumere il potere e di applicare, per quanto possibile, un loro piano chiamato programma. La sentenza di Norimberga consiste dunque nel fare una selezione preventiva dei partiti. Gli uni sono legittimi e gli altri sospetti. Gli uni sono "in linea" con lo spirito democratico e conseguentemente hanno il diritto di impadronirsi del potere e di avere un piano concertato: esiste la sicurezza che quel piano concertato non minaccerà mai la democrazia e la pace. Gli altri invece non hanno il diritto al potere e quindi è inutile che esistano: va da sé che essi contengono in germe ogni specie di delitti contro la pace e l'umanità. Dopo tutto questo è straordinario che gli americani non comprendano la politica del signor Gottwald: il signor Gottwald, infatti, non fa altro che applicare nel suo paese le sagge precauzioni suggerite dal nuovo diritto, dando soltanto alla parola "democratico" un senso un po' particolare.

C'è in questo semplice enunciato un principio d'ingerenza, il quale possiede la particolarità di non tradire o almeno di non sembrar tradire una volontà identificabile. Non è una potenza o un particolare gruppo di grandi potenze ad opporsi al risorgere dei movimenti nazionalisti; è un'entità assai più vaga, un'entelechia senza poteri né uffici, è la coscienza dell'umanità. "Non vogliamo più veder cose simili", dice la coscienza dell'umanità. "Cose simili" come vedremo, neppure sa esattamente cosa siano. Nondimeno la voce dell'umanità è comodissima: è una potenza anonima che si risolve in un principio di impotenza. Non impone nulla, non pretende di imporre nulla. Se un movimento analogo al nazionalsocialismo venisse domani a ricostituirsi, sicuramente l'O.N.U. non interverrà per domandarne la soppressione. Ma la "coscienza universale" approverà qualsiasi governo pronunciasse l'ostracismo contro un tale partito o, per comodità, contro un qualsiasi partito simile al nazionalsocialismo. Ogni risorgimento nazionale, ogni politica di forza o semplicemente di convenienza è colpita da sospetto. Si è procurata una distorsione alle coscienze e adesso ci guardano zoppicare. Chi ha fatto ciò? Chi l'ha voluto? "Nessuno", come gridava il Ciclope. Il super-stato non esiste, ma esistono i veti del super-stato: essi sono nel verdetto di Norimberga. Il superstato fa tutto il male che può, prima ancora di avere la capacità di rendersi utile. Il male è di disarmarci contro tutti, contro i suoi nemici e contro i nostri.

La situazione è singolare. Noi siamo disarmati e minacciati da un'idea: unicamente da un'idea. Niente è interdetto, ma siamo prevenuti che un certo "orientamento" non è buono. Siamo invitati a coltivare dentro di noi certe simpatie e a decidere certi rifiuti definitivi. Ci insegnano a coniugare verbi come ai bambini: "Mandel è un gran patriota, Roosevelt è un grande cittadino del mondo, Jean Richard Bloch è un grande scrittore, Benda è un pensatore", e inversamente: "Io non sarò mai razzista, io amerò KriegelValrimont, io maledirò in eterno le SS, Charles Maurras e *Je suis partout*". E coloro il cui spirito non è sensibile a queste simpatie o che rifiutano quei rifiuti? Coloro il cui cuore risponde ad altre chiamate, il cui spirito pensa attraverso altre categorie, coloro che sono fatti in un altro modo? L'impressione qui è la stessa provata nel leggere certi testi marxisti: quella è gente di un'altra razza con un cervello diverso dal mio. Quest'accostamento ci mette sulla via buona. Esiste un mondo delimitato dall'idealismo democratico nello stesso ordine del delimitato mondo marxista. Non è da stupire se i loro metodi coincidono, se la loro giustizia finisce con l'essere la medesima, anche se le parole non hanno per ambedue il medesimo senso. Si tratta ancora di una religione, di una violenza sulle anime. Quando condannano il nazionalsocialismo sanno quel che fanno. É il fondamento della loro legge. Essi condannano "la nostra verità", la dichiarano falsa. Condannano il nostro sentimento, le nostre stesse radici, la nostra maniera di vedere e di sentire. Ci spiegano che il nostro cervello è fatto male: è un cervello di barbari.

Questo permanente stare in guardia, ci prepara una forma di vita politica che non dobbiamo ignorare e che d'altronde tre anni di esperienza continentale non ci permettono di ignorare. La condanna del partito nazionalsocialista va assai più lontano di quanto possa sembrare. Essa colpisce in realtà tutte le forme solide, tutte le forme geologiche della vita politica. Ogni nazione, ogni partito che abbiano il mito della patria, della tradizione, del lavoro, della razza sono sospetti. Chiunque reclami il diritto del primo occupante e attesti cose evidenti come la signoria della città, offende una morale universale che nega il diritto dei popoli a redigere la propria legge. Non soltanto i tedeschi ma noi tutti veniamo così ad essere spogliati. Nessuno ha più diritto di sedersi nel proprio campicello e di dire: "Questa terra mi appartiene". Nessuno ha più il diritto nella città di levarsi e dire: "Noi siamo gli anziani, noi abbiamo costruito le case di questa città; colui il quale si rifiuta di obbedire alle leggi se ne vada". Ormai è scritto che un concilio di esseri impalpabili ha il potere di sapere ciò che avviene nelle nostre case e nelle città. Delitto contro l'umanità: questa legge è buona, quella no. La civiltà ha il diritto di veto.

Abbiamo vissuto sinora in un universo solido le cui stratificazioni erano state create una dopo l'altra dalle varie generazioni. Tutto era chiaro: il padre era il padre, la legge la legge, lo straniero lo straniero. Si aveva il diritto di dire che la legge era dura, ma era legge. Oggi queste basi sicure della vita politica sono colpite da anatema, queste verità costituiscono il programma di un partito razzista condannato dal tribunale dell'umanità. In cambio, lo straniero ci raccomanda un universo caro ai suoi sogni. Non esistono più frontiere né governi. Da un capo all'altro del continente vigono le medesime leggi: così è per i passaporti, per i giudici. per la moneta. Una sola polizia e un solo controllo: il senatore del Milwaukee ispeziona e decide. Così il commercio è libero; finalmente il commercio è libero. Vendiamo carote che per caso non si vendono mai a buon prezzo, e compriamo macchine aratrici che costano sempre carissime. Siamo però liberi di protestare. Liberi, infinitamente liberi, di scrivere, di votare, di parlare in pubblico, a patto che non prendiamo mai provvedimenti atti a mutare un tale stato di cose. Siamo liberi di agitarci e di batterci in un universo di ovatta. Non si sa molto bene dove la libertà termina, dove terminano le nazionalità, non si sa dove finisce ciò che è permesso. É un universo elastico. Non sappiamo dove poggiare i piedi, non si sa nemmeno se abbiamo piedi, ci sentiamo leggerissimi come se avessimo perduto il nostro corpo. Nondimeno per coloro i quali acconsentono a questa semplice ablazione, quante infinite ricompense, quante numerosissime mance! Il mondo fattoci brillare davanti agli occhi è simile ai palazzi d'Atlantide. Da per tutto pezzi di vetro lucenti, colonne di falso marmo, iscrizioni, frutti magici. Entrando in quei palazzi si abdica ogni potere, ma si ha il diritto di toccare le mele d'oro e di leggere le iscrizioni. Non siete più un entità, non sentite più il peso del corpo, cessate di essere un uomo: siete un fedele della religione dell'umanità. In fondo al santuario è assiso un dio negro. Voi avete tutti i diritti salvo quello di dir male del dio.

La seconda sezione dell'atto di accusa concerne i "crimini contro la pace".

Come si sa, le nazioni unite accusavano il governo tedesco di aver provocato la guerra mondiale con l'invasione del territorio polacco, invasione che obbligò la Francia e l'Inghilterra a dichiarare guerra alla Germania, secondo gli impegni presi. Esse rendono inoltre il governo tedesco responsabile del dilagare della guerra, causato dalle aggressioni ai paesi neutrali. E più ancora, l'accusa pretende di stabilire la premeditazione per mezzo di documenti confidenziali scoperti negli archivi tedeschi, documenti di cui non può negarsi l'autenticità, date le precauzioni prese per identificarli. L'uno di essi va sotto il nome di nota Hossbach, l'altro sotto quello di *dossier* Schmundt.

La nota Hossbach è il processo verbale redatto dall'ufficiale d'ordinanza di Hitler durante una conferenza tenuta alla Cancelleria il 5 novembre 1937, davanti ai principali capi nazisti, e viene presentato come il testamento politico di Hitler. É una enunciazione drammaticissima, è vero, della teoria del *Lebensraum* e delle sue conseguenze: Hitler presenta una Germania votata all'asfissia dal punto di vista nazionale e condannata a cercarsi terre; designa l'est come strada della necessaria espansione coloniale del *Reich* e dimostra che questa espansione può farsi soltanto per mezzo di una serie di guerre di conquista a cui la Germania si trova inesorabilmente costretta. Faremo più tardi commenti su quest'esposto. Se esso deve essere interpretato nel senso dell'accusa (ma gli accusati e Goring in particolare contestano tale interpretazione) sarebbe la prova che Hitler vedeva ed accettava la possibilità della guerra.

Il *dossier* Schmundt è il processo verbale anch'esso redatto dall'ufficiale d'ordinanza di Hitler (allora colonnello Schmundt), di una conferenza tenuta alla Cancelleria il 23 maggio 1939, presenti i capi del partito e gli ufficiali responsabili dello stato maggiore. Questa conferenza è costituita essenzialmente da un esposto di Hitler, il quale afferma l'inevitabilità di una guerra con la Polonia come primo atto di espansione coloniale: studiando le conseguenze di questa guerra, Hitler ne prevede l'estendersi alla intera Europa e fa comprendere ai suoi generali, con un'analisi drammatica quanto la precedente, che la prossima guerra non sarà un'operazione militare, ma quasi sicuramente l'inizio di una lotta a morte con l'Inghilterra, lotta di cui nessuno può prevedere l'esito. Qui anche si impongono riserve e commenti e la difesa contesta la portata del documento Schmundt. Fatta questa riserva, il *dossier*

Schmundt ha lo stesso significato della nota Hossbach di cui rappresenta un'applicazione. Esso proverebbe infatti che Hitler non ignorava le conseguenze della sua politica e accettava la possibilità della guerra europea. pur conservando la speranza di sfuggirvi. Se questi documenti sono stati interpretati correttamente, è difficile sostenere che la Germania non ha responsabilità nello scatenarsi della guerra.

L'accusa produce inoltre una grandissima quantità di conferenze dello stato maggiore, di piani di campagna e di studi di operazioni di cui non possiamo dare qui i dettagli, e che rappresentano prove della premeditazione. Siccome questi documenti hanno un carattere meno sensazionale dei *dossiers* Hossbach e Schmundt e d'altra parte è difficile distinguere lo studio teorico di una ipotesi tattica e il piano di operazione presentato come un inizio di azione o una premeditazione netta, noi pensiamo che basti segnalare ai lettori l'esistenza di tali documenti senza discuterli.

Gli storici tedeschi dovranno riconoscere inoltre che le armate germaniche sono penetrate per prime nel territorio polacco, senza che il governo tedesco abbia lasciato possibilità di sviluppo ai negoziati in corso. Essi certo non mancheranno di mettere in luce le sanguinose provocazioni polacche che la difesa passa sotto silenzio, e di sostenere il carattere fallace dei negoziati condotti dal gabinetto inglese: diranno anche che il governo polacco ha fatto di tutto per impedire negoziati e accordo. Queste sono circostanze capitali e nessun procedimento giudiziario sulle responsabilità della guerra dovrebbe ometterle; il tribunale di Norimberga ha il torto di non menzionarle. Pertanto, resta il fatto che è stato l'esercito tedesco a tirare i primi colpi di cannone. Il 1° settembre 1939 un telegramma poteva ancora salvare tutto: quel telegramma poteva partire soltanto da Berlino.

Detto ciò, comincia la mala fede. Da un lato si frugano tutti gli archivi, si esplorano le mura, si valutano i consigli, si utilizzano le confidenze: tutto è portato alla luce, le conversazioni più segrete degli uomini di stato tedeschi sono esposte sul banco delle prove, nemmeno le intercettazioni vengono dimenticate. Dall'altro lato, silenzio. Si rimproverano allo stato maggiore germanico alcuni studi di operazioni trovati nei suoi archivi: voi preparavate la guerra. dunque! A chi potremo far credere che contemporaneamente gli altri stati maggiori europei non facevano piani, non si preparavano a fronteggiare nessuna eventualità strategica? A chi faremo credere che gli uomini di stato europei non prendevano accordi? A chi faremo credere che i cassetti di Londra e di Parigi sono vuoti e che i preparativi tedeschi hanno sorpreso agnelli i quali pensavano soltanto alla pace? Quando la difesa chiede al tribunale di esaminare gli analoghi documenti francesi ed inglesi sull'estensione della guerra, sui piani dello stato maggiore francese, sui crimini di guerra alleati, sulle disposizioni date dallo stato maggiore inglese ai vari comandi, sulla guerra dei partigiani in Russia, alla difesa si risponde che tutto ciò non interessa il tribunale, che tale problema "è assolutamente fuori proposito". Le nazioni unite non sono sotto accusa, si dice. Giustissimo; ma allora perché chiamare "storia" ciò che è soltanto "messa in scena"? Anche qui soltanto la metà del mondo è illuminata. In altri tempi, fondandosi su queste apparenze, si negava la sfericità della terra. La storia comincia quando la luce viene equamente ripartita, quando ciascuno posa i propri documenti sul tavolo e dice: giudicate. Se no, si tratta unicamente di operazioni propagandistiche. É onesto accettare una tale presentazione dei fatti, è stato da persone di onore mutilarli in questo modo? É più giusto ed anche più conforme all'interesse di tutti i paesi dire che la mobilitazione degli archivisti non ci impressiona.

Giacché la tecnica dell'illuminazione non prevarrà contro l'evidenza. É stata l'Inghilterra a dichiarare guerra alla Germania il 3 settembre 1939, alle 11 del mattino. La Francia ha fatto la stessa dichiarazione alle cinque di sera. L'Inghilterra e la Francia avevano ragioni di diritto per agire così; ma infine hanno agito così . Si è mal piazzati per rifiutare ogni responsabilità della guerra quando, per primi, si dichiara la guerra ad un altro stato. In Francia e in Inghilterra esisteva un partito della guerra: oggi non si può più ignorarlo. Alcuni uomini di stato vengono rimproverati di essere stati "colombe", di aver cercato cioè un accomodamento. Ciò vuol dire che non si volevano accomodamenti; la guerra era accettata e forse desiderata. Quest'atteggiamento vale bene la nota di Hossbach, mi pare. Infine, tutti sanno che dopo la disfatta della Polonia, la Germania cercò di intavolare negoziati sulla base del fatto compiuto. Forse era immorale, ma era pure un modo di evitare una guerra europea. Tali proposte non furono accettate: gli altri erano decisissimi a non perdere l'occasione di una guerra. Queste sono evidenze un po' troppo forti per essere relegate discretamente in un angolo. Nonostante la regia di Norimberga, l'avvenire ristabilirà facilmente la verità: Hitler ha accettato il rischio della guerra per una conquista che egli riteneva vitale, l'Inghilterra ha deciso di imporgli la guerra come prezzo di quella conquista. Hitler pensava di lasciar libero corso al massimo ad un'operazione militare circoscritta: l'Inghilterra ne ha fatto uscire deliberatamente una guerra mondiale.

Ancora una parola come conclusione delle nostre doglianze. L'accusa ha dedicato importanti esposti alle aggressioni che ebbero luogo durante lo svolgimento delle operazioni militari. Su questo punto, se ci limitiamo a constatare i fatti, la posizione dell'accusa è solidissima. Quelle aggressioni sono certe. Ma con quale diritto si possono presentare, esattamente sul medesimo piano, come atti della medesima gravità, delle aggressioni strategiche e lo scatenamento di una guerra mondiale? É sicuramente contrario al diritto, alla giustizia, ai trattati far comparire alle quattro del mattino una divisione blindata a Copenaghen o ad Oslo, ma ha questo atto la stessa portata e la medesima essenza come il mettere fuoco all'Europa? I veri responsabili della guerra sono indirettamente responsabili, e nella stessa misura, delle operazioni locali offensive, inevitabili nello svolgimento della guerra stessa. Se l'Inghilterra non avesse dichiarato la guerra, la Norvegia non sarebbe stata occupata. Copenaghen e Oslo hanno cominciato a tremare il 3 settembre.

E quindi ancora, a ben riflettere, non ci si può impedire di essere turbati da certe considerazioni. Quando un diplomatico inglese intriga per ottenere determinati accordi economici o per provocare o stabilire certe disposizioni politiche, non è un'aggressione, non è una pressione, non si tratta di nulla di men che corretto riguardo alla legge internazionale: nondimeno sono bandierine appuntate sulla carta politica per creare una zona d'influenza senza interventi militari. E quando lo stesso diplomatico non si contenta più di suggerire, di consigliare, ma provoca bruscamente una crisi ministeriale che ha per risultato il congedo di ministri germanofili, si tratta sempre di un giuoco libero di influenze, non è un vero atto d'ingerenza: e tuttavia non è forse un insediamento politico camuffato, analogo a quegli interventi che vengono ora rimproverati al regime sovietico? E quali garanzie abbiamo che questo insediamento non prepari e non preceda l'insediamento militare? É facilissimo farsi chiamare in aiuto. La stampa britannica, indignata da questi procedimenti quando sono usati da diplomatici sovietici o tedeschi, tende a trovarli del tutto naturali quando vengono impiegati dall'ambasciata inglese. Qui siamo evidentemente di fronte a una lacuna della legge internazionale, una lacuna difficilissima ad essere colmata. Ma allora, bisogna accettarne le conseguenze. Le aggressioni rimproverate alla Germania (non mi occuperò dell'attacco alla Russia) sono, in realtà, interventi preventivi. L'Inghilterra, ad esempio, ha fatto la stessa cosa in Siria. In caso di guerra una fatalità pesa sui paesi deboli. Un territorio mal difeso è una preda; bisogna essere i primi a occuparlo. Secondo lo spirito della legge internazionale, l'astensione totale sarebbe assolutamente corretta, ma in questo campo è quasi impossibile applicarla. I metodi diplomatici eludono la legge, i metodi strategici la ignorano. Ma alla fine si equivalgono. Non è una fortuna essere un paese neutrale strategicamente interessante.

Cosicché, in questo dominio in cui i "fatti" sembrano schiacciare il governo germanico, risulta che la realtà non fu così semplice. Presentare i "fatti" privi del loro contesto è un modo di mentire. Non esistono "fatti" bruti né documenti senza circostanze: ignorarle sistematicamente significa travisare la verità. Le nostre menzogne non saranno eterne. Domani la nazione tedesca alzerà a sua volta la voce. Ci dirà che se Hitler ha attaccato la Polonia, altri uomini attendevano ansiosamente quell'attacco, speravano in quell'attacco, pregavano perché avesse luogo. Quegli uomini si chiamano Mandel, Churchill, Hore Belisha, Paul Reynaud. L'alleanza reazionaria voleva la "sua" guerra, la considerava una guerra santa; e sapeva che soltanto una patente aggressione le avrebbe permesso di trascinare con sé l'opinione pubblica. Gli archivisti tedeschi non dovranno affannarsi troppo a provare che le condizioni dell'aggressione furono freddamente organizzate. Il giorno in cui la storia di questa guerra sarà scritta, avrete paura. Allora apparirà con chiarezza l'insieme delle aggressioni locali. Il silenzio degli alleati sì trasformerà in autoaccusa. Si vedrà che essi dimenticarono di dire come gli interventi furono resi inevitabili dalle loro manovre ed intrighi. La loro ipocrisia apparirà in piena luce. E l'enorme macchina giuridica si rivolgerà contro di loro perché la loro disonestà sarà palese: giacché colui che propina il veleno non e meno colpevole di colui che colpisce. I metodi di Norimberga sono certo una bella cosa. L'assenza di documenti alleati permette di negare il veleno, e la legge internazionale permette di designare come colpevole il primo arrivato. Abbiamo insomma la combinazione di due disonestà: l'una che riguarda l'inchiesta, l'altra proveniente dal codice. Con una legge mal fatta e poliziotti disonesti, si può andare lontano. Questa verità ci è stata dimostrata a nostre spese.

Eccoci dunque giunti ad una prima conclusione; il processo di Norimberga non è un cristallo puro. Il "complotto" nazionalsocialista faceva capo ad una Germania forte, ma questa Germania forte non portava necessariamente alla guerra:

essa chiedeva il diritto di vivere, lo domandava con metodi irritanti, ma insomma si poteva pure parlamentare. La Germania era in stato permanente di ribellione contro la costrizione internazionale, non era in stato permanente di "crimine contro la pace". Lo scatenarsi della guerra è dovuto ad un concorso di circostanze molto più complesso di quello consacrato dalla versione ufficiale. Tutti i paesi vi hanno contribuito, e tutti avevano ragioni eccellenti per farlo: l'U.R.S.S non pensava che a se stessa e voleva evitare tranelli, l'Inghilterra e la Francia volevano fissare bruscamente e in modo definitivo la situazione, la Germania voleva spezzare una politica di soffocamento. E tutti avevano dei secondi fini. Non sarebbe meglio fare una specie di confessione generale? Nessuno è innocente in questa faccenda, ma ci sono cose di cui si rifiuta la spiegazione; è più comodo cercare un colpevole.

La nostra propaganda dunque ha mentito per omissione e alterazione della verità nel descrivere la responsabilità della guerra. D'altra parte, se dai "fatti" si risale ai "principi", ci accorgiamo che per stabilire l'accusa abbiamo dovuto resuscitare un sistema che non aveva mai potuto funzionare, condannato ripetute volte dai fatti. Abbiamo dovuto sostenere, contro l'esperienza e la natura delle cose, una teoria chimerica e pericolosa che per l'avvenire ci pone in difficoltà inestricabili. Questo sistema ha un vantaggio: ci permette di giustificarci. Per offrire a noi stessi tale soddisfazione, rischiamo però le conseguenze mortali delle false idee. Giacché si può falsificare la storia, ma la realtà non si lascia violentare così facilmente.

Questo è il sistema della pace indivisibile dell'irrevocabilità dei trattati. É una specie di concezione geologica della politica. Si suppone che il mondo politico, dopo essere stato in ebollizione per un certo numero di secoli come la superficie del nostro pianeta, abbia raggiunto di colpo la fase di raffreddamento. L'ha raggiunta in virtù di una decisione diplomatica. La massa delle energie si suppone solidificata: essa si è solidificata seguendo certe linee di forza definitive; questa fisionomia immutabile del mondo politico, questa colata di lava ormai fissa ed eterna si chiama "l'armatura dei trattati". Se una falla si apre, se un'incrinatura si produce da qualche parte, dobbiamo tutti accorrere in aiuto perché la crosta terrestre è minacciata. La storia degli imperi è chiusa. Ormai non ci sono più che squadre volanti di salvatori che vengono chiamate per lavori di sterro e di consolidamento.

Siccome questa solenne sentenza della storia viene generalmente emessa all'indomani di un cataclisma, essa coincide con la realtà. Una nazione è vinta in guerra, il suo territorio viene occupato, le officine saccheggiate, la vita resa impossibile, e poi le si dice: firmate questo trattato e noi ce ne andremo; voi restate a casa vostra, la vita ricomincia. Un'eloquenza simile è persuasiva, si finisce col trovare un capo di governo che firma: egli si copre la testa di cenere, piange, giura di aver avuto la mano forzata, si appella all'avvenire sonoro e tenebroso, ma firma, Da allora, tutto è finito. Shylock ha ormai la sua libbra di carne. Il trattato è senza appello, il trattato è legge. Avete un bell'implorare, un bel dimostrare che le catene rendono impossibile la vita: invano. Il trattato è diventato la base definitiva delle relazioni con la comunità internazionale. Esso vincola non soltanto coloro che hanno dovuto firmare, ma tutta la posterità. Nessuno ha il diritto di ripudiarlo, chiunque lo trasgredisse commetterebbe un crimine. "Un crimine contro la pace". Non esiste una sola violazione del trattato di Versailles che non sia stata messa in conto ai capi germanici sotto tale rubrica. L'atto d'accusa si esprime così: nel tale giorno dell'anno tale, voi avete compiuto il tale atto contrario al trattato di Versailles, paragrafo tale.

Solidificate nella loro definizione irrevocabile, chiuse per forza in polmoni d'acciaio entro cui respirano a fatica, le nazioni vinte implorano, chiedono di vivere. A questo punto appaiono i vantaggi della rigidezza geologica. Nessuno è inumano, esse vengono ascoltate, ma per far loro intendere come il trattato sia un morso. Se saranno buone, se chiameranno lo straniero, se alieneranno la loro indipendenza, forse quel morso potrà essere allentato. Si potrà parlare di concessioni, forse anche di revisione. Caffè ed aranci in cambio di un governo democratico: un negro, un battello di riso; due negri, due battelli di riso; una sinagoga, un'intero convoglio. Se poi vogliono governarsi a modo loro, c'è la legge. Per illustrare questa situazione, noi sceglieremo un solo documento: quello citato proprio dall'accusa, la drammatica conferenza del 5 novembre 1937 descritta nella nota Hossbach. Tutte le deduzioni di Hitler hanno come base questo dilemma: o noi lasciamo il potere e allora le nazioni anglosassoni forse considereranno la possibilità di modificare il trattato di Versailles in modo da permettere alla Germania di vivere, ma di vivere come un paese tributario; o noi manteniamo il potere e allora il regime è votato al fallimento perché ci vengono rifiutate le materie prime, gli sbocchi e i territori a noi indispensabili. É un ricatto perfettamente legale: ad esso si giunge col carattere irrevocabile dei trattati.

Questo risultato è logico, ma insufficiente, come l'esperienza ci ha dimostrato. Se si vuol camminare tranquillamente sul mare di ghiaccio, occorre essere sicuri in modo assoluto che nel frattempo non sia in corso alcun lavorio sotterraneo. Le mezze servitù danno delle delusioni. Se vogliamo che il mondo resti immobile, dobbiamo controllare tale immobilità. L'applicazione completa e cosciente di questo sistema ci avrebbe dovuto portare a controllare l'industria tedesca, l'armamento tedesco, la popolazione tedesca, il vitto tedesco, le elezioni tedesche e ad esercitare questo controllo in nome delle nazioni solidali nella indivisibilità della pace. Quando si combatte la vita, bisogna combatterla sino in fondo. Se non volete che essa si prenda una rivincita, l'unica soluzione è un malthusianesimo razziale ed economico che può essere tutt'al più alleggerito dall'emigrazione e dall'esportazione: le nazioni vinte fabbricheranno per le altre mercanzie e schiavi. E sarà prudente sorvegliarli a lungo mediante una larvata occupazione. Il trattato di Versailles ci condannava a mantenere la Germania in schiavitù. Ci imponeva e imponeva al mondo intero un'ingerenza perpetua che non abbiamo esercitata. Venti anni d'esperienza politica ci hanno dimostrato che non esistono mezzi termini tra la libertà totale e la servitù dei vinti.

Nondimeno il tribunale internazionale rifiuta di rendersene conto. La logica gli fa paura. Esso pone alcune premesse indispensabili all'accusa, ma subito dopo si vela la faccia e non vuol concludere. S'incaponisce come un bambino, risponde come un bambino, si rifugia nel vago, si mette al sicuro dietro le parole. Davanti ad un problema così grave, dalla bocca degli accusatori è stato possibile tirare fuori una sola frase stupefacente d'incoscienza e di puerilità: "É possibile che la Germania dal 1920 al 1930 abbia dovuto far fronte a problemi disperati, tali da giustificare le misure più gravi, eccettuata la guerra. Tutti gli altri metodi, persuasione, propaganda, concorrenza economica, diplomazia erano aperti ad una nazione colpita, ma la guerra d'aggressione era proscritta". Durante venti anni, infatti, abbiamo ripetuto alla Germania e all'Italia: ammucchiatevi, cercate di arrangiarvi, ma non venite a calpestare i nostri giardini.

I giuristi di Norimberga non sono avanzati di un passo. Ridestando dal suo sonno la vecchia dottrina dell'immutabile ripartizione del mondo, ne ritrovano tutte le difficoltà e non osano spingersi fino alle estreme conseguenze del loro sistema. Non osano scegliere. Non possono scegliere. Se optano per la perpetua servitù dei vinti, per un servaggio confessato, dichiarato, si mettono in contraddizione con la loro stessa ideologia della guerra. Se rinunziano ad impedire con la forza il respiro e l'espandersi degli imperi, il quale ha la potenza ed il carattere imprescrittibile delle leggi biologiche, danno ragione alla Germania e debbono accettare per sé le responsabilità della guerra. Si trovano dunque davanti a quest'evidenza: la vecchia diplomazia avrebbe probabilmente tollerato la divisione della Polonia (non era la prima volta) e la guerra mondiale sarebbe stata evitata. L'annessione dell'Etiopia, la scomparsa della Cecoslovacchia, non erano forse operazioni infinitamente meno costose per l'umanità che non lo scatenarsi di una guerra mondiale? Non era giusto? Ma l'amputazione di un quarto della Germania a profitto dell'imperialismo slavo, il trasferimento pauroso di milioni di esseri umani trattati da quattro anni come bestiame, è forse giusto? Gli uomini di stato del passato sapevano bene che una guerra mondiale può essere rischiata soltanto per cause gravissime, tali da mettere in pericolo l'esistenza di tutte le nazioni. Sapevano inoltre che bisognava concedere qualche cosa alle leggi imprescrittibili della vita. Eravamo forse esposti ad un pericolo mortale con lo smembramento della Polonia? Il pericolo fabbricato con le loro stesse mani dagli uomini di stato democratici non è infinitamente più grave? La nostra situazione non è forse infinitamente più drammatica? Chi di noi non ricorda come l'Europa era bella nell'agosto del 1939? Gli eventi hanno dato ragione a Choiseul. Le guerre politiche sono forze naturali come l'acqua e il vento: occorre utilizzarle con mezzi precisi e potenti, oppure navigare a vela se non vogliamo, dopo la guerra, imporre il servaggio come una forma della legge naturale, allora dobbiamo accettare l'altra forma, fare trattati vitali e lasciare ai popoli vigorosi possibilità di sviluppo: gli inconvenienti che risultano da una loro crescita sono assai meno gravi di una guerra generale il cui esito è utile solamente a coloro i quali minacciano la nostra civiltà.

I nuovi giuristi, imbarazzati tra la libertà e il servaggio, si sono fermati su una teoria intermedia i cui elementi venivano offerti dal passato e alla quale essi hanno dato uno sviluppo maestoso. I trattati sono irrevocabili, la pace è indivisibile; ma, essi ci dicono, non v'inquietate per l'apparente schiavitù che queste proposizioni hanno, giacché esse sono in realtà il fondamento di un universo democratico ove tutte le nazioni godranno di uguali diritti e dei vantaggi della libertà. Naturalmente sarete un pochino schiavi, ma è ancora il mezzo migliore per essere liberi.

Per fare accettare quest'ingegnosa tesi, l'accusa fu costretta a lasciare un po' in ombra quel trattato di Versailles designato dagli avversari con la rude parola di *diktat*, e che, in effetti, era una prepotenza. Andò invece a dissotterrare nell'arsenale diplomatico un certo numero di patti usati che avevano una fisionomia pacifica e, presso a poco, potevano conciliarsi con l'idea di un libero consenso. In effetti, dicono i giuristi, i tedeschi non hanno violato soltanto il trattato di Versailles. Hanno violato anche trattati liberamente firmati; le convenzioni dell'Aia, il patto di Locarno, il patto della S.d.N., il patto Briand Kellogg. Non ci fermeremo alle convenzioni dell'Aia: esse sono imprecise, almeno per quanto concerne l'aggressione. E non abbiamo nulla da aggiungere alle parole del procuratore britannico, sir Hartley Shawcross: "Quelle prime convenzioni non misero certo la guerra fuori legge, ma cercarono una forma obbligatoria d'arbitraggio. Io non chiederò certo al tribunale di dichiarare delittuosa la violazione di quelle convenzioni". Ma il patto di Locarno, ma il Briand Kellogg c'è stato ripetuto venti volte, sono cosa diversa. Sono testi sacri, è il tabernacolo. E lo stesso sir Hartley Shawcross definisce così il loro significato essenziale: il trattato di Locarno "costituiva una rinuncia generale alla guerra" e il patto Briand-Kellogg ne costituiva ancora un'altra, e così grave, così solenne che da quel giorno "il diritto alla guerra non fece più parte dell'essenza della sovranità". D'altra parte, aggiunge sir Hartley Shawcross, l'Inghilterra e la Francia si sono trovate in guerra proprio volendo applicare quel patto. Esse non hanno dovuto dichiarare la guerra; erano in guerra, giacché "una violazione del patto verso uno solo dei firmatari costituisce un attacco contro tutti gli altri firmatari; ed essi avevano il diritto di considerarla tale".

Queste dichiarazioni meritano di essere esaminate un po' da vicino. Dapprima le loderemo per la loro sottigliezza: rappresentano un modo molto elegante di risolvere il problema della dichiarazione di guerra. È semplicissimo: chi tira il primo colpo di cannone si mette in stato di guerra, col mondo intero. Gli storici tedeschi ci domanderanno, forse, come mai proprio l'Inghilterra e la Francia, tra tutti i firmatari, hanno mostrato tanto zelo: risponderemo loro che sono animi pravi e nemici personali di sir Hartley Shawcross. Ma non è tutto. Queste considerazioni testimoniano una grande bellezza e sicurezza di dottrina soprattutto sul piano politico: "Voi avete accettato" dice in sostanza il nostro legislatore, "di far parte di un superstato, avete rinunciato per questo ad una parte della vostra sovranità, non avete più il diritto di tornare indietro: ciò è irrevocabile e la vostra firma può essere invocata contro voi stessi". Dal punto di vista storico, ci sarebbe molto da dire. La Germania si è ritirata dalla Società delle Nazioni, essa non era più vincolata ai lavori e alle risoluzioni della S.d.N. Ripudiò il patto di Locarno, rinnovato una prima volta nel 1934 per un periodo di cinque anni e non più rinnovato allo spirare di quel periodo: dunque non era più vincolata dagli impegni di Locarno. Non ripudiò il Briand Kellogg, il quale d'altra parte non ammetteva alcuna clausola d'abrogazione, ma chi poteva credersi seriamente vincolato dal Briand-Kellogg rivelatosi inapplicabile in occasione della guerra d'Etiopia? "Nulla di ciò conta", dice l'accusa. Quelle revocazioni, essendo unilaterali, non hanno per noi nessun valore: la Germania non fa più parte della S.d.N., ma è colpevole ai nostri occhi come se ne facesse parte; il trattato di Locarno ha per noi lo stesso valore come se non fosse stato mai denunciato, e il patto Briand-Kellogg, insignificante quando si tratta dell'Etiopia, obbliga imperiosamente l'Europa a fare la guerra se si tratta della Polonia. I patti internazionali hanno sempre qualche cosa di sacerdotale: consacrano per l'eternità.

Ma il lato storico della questione per il momento non ci interessa. Ammettiamo che il Briand-Kellogg sia un trattato come quello di Versailles, ammettiamo che sia stato preso sul serio dall'opinione pubblica e dalle potenze, e ammettiamo infine che questo trattato sia stato violato dalla Germania. Ciò che è importante, e rappresenta un cambiamento radicale, è il valore che improvvisamente questo trattato assume fra tutti gli altri trattati; è la subitanea promozione, il mutamento d'essenza che ne fa non un contratto come gli altri, ma una legge, un comando di Dio.

Qui appare chiaramente il sistema base dell'accusa, e in modo particolare l'unità di tale sistema. Nella prima sezione dell'atto d'accusa il pubblico ministero affermava che esiste una coscienza universale, una morale internazionale riconosciuta da tutti e che vieta alcune forme d'azione politica. Qui, egli afferma che non soltanto la morale internazionale esiste ma possiede strumenti, portavoce accreditati e un potere legislativo dotato dello stesso potere coercitivo, dei poteri legislativi nazionali. Non avevate il diritto di fare la guerra, dice l'accusa, perché la S.d.N. la interdice in un testo legislativo che i vostri rappresentanti hanno firmato. In questo modo il Briand-Kellogg cessa di essere una semplice enunciazione sulla malvagità della guerra, per diventare un editto che interdice la guerra. Perché il Briand-Kellogg abbia questo valore, bisogna ammettere che la S.d.N. sia divenuta Richelieu: come egli vietava il duello, così la S.d.N vieta la guerra, e fa impiccare Ribbentrop come Richelieu faceva tagliare la testa a Montmorency-Boutteville. La S.d.N. è dunque una potenza la cui costituzione la Germania ha violato. L'Inghilterra e la Francia, e non soltanto l'Inghilterra e la Francia, ma tutti gli stati che hanno riconosciuto la S.d.N., si trovano automaticamente in guerra contro di essa, come tutti gli stati della confederazione americana si troverebbero in guerra con la California se la California si ribellasse contro il potere federale.

Appaiono così visibili l'unità e la potenza della morale internazionale. La coscienza universale, o se si vuole la morale internazionale, diviene un potere: vieta il nazionalismo autoritario come le leggi federali vietano il contrabbando d'alcool, e punisce la guerra come punirebbe un ammutinamento. Questa promozione della coscienza universale ci permette di penetrare più addentro nello spirito dei nuovi legislatori. É lì che avviene tutto, e la seconda sezione dell'atto di accusa è perfettamente coordinata con la prima.

La tecnica dell'accusa si compendia nel negare l'esistenza di ciò che esiste e affermare l'esistenza di ciò che non esiste. Per essa la morale internazionale esiste ed ha il potere di fare leggi scritte e non scritte le quali debbono prevalere sulle leggi scritte delle nazioni. Nella stessa maniera la S.d.N. che non esiste più, esiste, il suo potere poliziesco, mai esistito in realtà, pure esiste nell'assoluto, è la mano di Dio, e il suo diritto regale esiste, sebbene mai sia stato riconosciuto. Questo modo di vedere le cose è una forma di retroattività più sottile delle altre, giacché, insomma, il tribunale giudica in nome di un super-stato il quale nel 1945 (supponendo di credere all'O.N.U.) ha una certa esistenza, ma non ne aveva alcuna nel 1939. É un ridestarsi di fantasmi, ma è soprattutto il trionfo delle essenze pure. Tutte le idee generali prendono in mano una spada, le nuvole dettano la legge, affermano di esistere e soltanto esse esistono. É la caverna di Platone: le realtà non sono più che ombre, ombre le nostre leggi, e le ombre dicono di essere la realtà e le vere leggi. É il trionfo degli "universali ". E cioè, noi che crediamo a ciò che esiste, guardiamo con terrore questo scatenarsi dell'impalpabile.

Poiché, infine, bisogna pur rendersi conto dove tutto ciò ci porti. Non parlo qui dell'uso vergognoso fatto al processo di Norimberga del patto Briand-Kellogg, in nome del quale si è preteso trasformare in delitti di diritto comune tutte le azioni dei militari germanici, col pretesto che, essendo la loro guerra illegale, non c'erano né potevano esservi da parte loro atti di guerra. Ecco le conseguenze del regno delle nuvole. La più importante è la rinuncia da parte di tutte le nazioni, partecipanti o no ai trattati (della morale sono comunque partecipi) alla propria sovranità, in favore della comunità internazionale. Questa idea è talmente diffusa come base del mondo futuro che tutti i giorni siamo in qualche modo invitati ad adeguarci ad essa. É talmente evidente che già venti anni or sono Litvinov la formulava così : "La sovranità assoluta e l'intera libertà di azione appartengono soltanto agli stati i quali non hanno firmato impegni internazionali".

Come avviene questa delegazione di sovranità? Notiamo subito che non si tratta di una rinuncia di sovranità ordinaria. Una nazione può rinunciare ad alcuni dei suoi diritti sovrani, per esempio rimette a qualcun altro la cura di proteggere i suoi connazionali in Terrasanta, o di far valere i suoi diritti nell'amministrazione del canale di Suez o nel regolare la navigazione del Danubio. Qui non si tratta di questo, ne siamo ben lontani. Le nazioni sono qui invitate ad una rinuncia unica, incredibile: esse delegano a un'istanza superiore il diritto di dire ciò che è sopportabile o no, di fissare il limite del tollerabile o meno, esse abdicano in definitiva ogni sovranità. Giacché che cos'è un sovrano il quale, insultato burlato, non ha il diritto dì alzarsi e gridare: "Basta"? Un simile sovrano non ha più carattere di sovrano, diviene esattamente un privato, reagisce come un privato il quale risponde: "Signore, esistono dei tribunali, i tribunali del re", Riconoscendo un re, non è più lui il sovrano. Le nazioni non abbandonano dunque così una parte della loro sovranità, rinunciano addirittura ad essa. Ciascuna di loro diventa soltanto un cittadino di un impero universale. E questa situazione è così chiara che ogni nazione non accetta soltanto i diritti, ma assume anche i doveri di cittadino. Assume in modo particolare il dovere civico, quello che si deve essenzialmente al feudatario, il dovere di milizia. Accetta di essere mobilitata, diventa un borghese dell'universo e s'impegna a montare la guardia, a suo turno, seguendo gli ordini del Consiglio. Ogni nazione è ormai una guardia nazionale come i contemporanei di Luigi Filippo.

Noi possiamo renderci conto in tutta la sua portata di questa abdicazione, ricordando le cose dette nella prima sezione dell'atto di accusa. Constateremo così che le nazioni non soltanto rinunciano al diritto di distinguere per conto proprio il tollerabile dall'intollerabile, ma in realtà cedono il diritto di distinguere il giusto dall'ingiusto. Lasciano ad altri il diritto di giudicare non soltanto se esse siano danneggiate, ma se vivono conformemente alla morale. Per tutto debbono chiedere il permesso: per fare la guerra, per non fare la guerra, per essere forti con un certo metodo o con un altro metodo, per mutare di regime, per votare una legge o un contingentamento. E non è affatto da stupire che adesso si facciano loro "raccomandazioni" sulla moneta, sul commercio, sul bilancio, sull'armamento, sul loro comportamento democratico: tutto ciò era contenuto nello spirito di Norimberga e sarebbe stupefacente che tali cose non avvenissero.

Così tale ingerenza, dapprima coperta e puramente metafisica quando si trattava dei diritti politici, diventa giuridica, precisa, condizionata da organismi e testi, quando si passa nel dominio internazionale L'assimilazione del Briand-Kellogg a un editto fa comprendere benissimo il carattere giuridico dell'istanza internazionale; e l'assimilazione degli stati alla condizione del privato cittadino ci dà l'esatta misura del decadimento. La transizione drammatica alla quale assistiamo ha tutti i caratteri delle fasi d'instaurazione delle nuove sovranità. Gli stessi fenomeni si produssero in Italia nel XVI secolo, quando gli stati vollero imporre la loro sovranità giuridica ai principi feudali. Gli Orsini, i Malatesta, i Colonna pretendevano avere diritto di giustizia sulle loro terre. Non comprendevano assolutamente nulla dei processi che la Repubblica di Venezia e il papa intentavano loro; e morirono persuasi del loro buon diritto, convinti che i nemici volevano sbarazzarsi di loro (ed era vero) raccontando frottole. Da questo paragone si potrebbe trarre la conclusione che il processo di Norimberga è la prima manifestazione di un diritto nuovo, il quale apparirà evidente tra duecento anni. Può darsi. Ma certo gli Orsini, i Malatesta e i Colonna sparirono come sovrani e i loro discendenti sono divenuti sudditi docili del papa e del granduca di Toscana. Se Norimberga crea il diritto per l'avvenire, se la legge internazionale si assicurerà alla fine il posto che attualmente rivendica, le nostre nazioni finiranno come i feudatari italiani. I testi consacrano la loro soggezione e la loro scomparsa.

A questo punto della nostra analisi vediamo dispiegarsi

davanti ai nostri occhi il panorama del nuovo sistema. È infine una specie di trasposizione. L'irrevocabilità dei trattati e l'indivisibilità della pace non ci portano necessariamente alla schiavitù e a tutte le sue conseguenze: malthusianesimo, controllo, occupazione. Ci abituano invece, e con dolcezza, a un grado temperato degli stessi fenomeni, a una traduzione sopportabile di quel vocabolario da schiavi. Non si tratta più di servaggio, ma d'ingerenza, non di controllo ma di pianificazione, non di malthusianesimo ma di esportazioni organizzate; ancora meno di occupazione, soltanto invece di conferenze internazionali le quali sono una specie di consulti medici sulla nostra temperatura democratica. Intorno al tavolo ci sono tutti; ognuno ha la sua scheda per votare. Non ci sono vinti e vincitori. La libertà regna e ciascuno respira non come si respira con un polmone artificiale, ma come si respira nella cabina d'un batiscafo o di un aerostato dove la quantità di ossigeno è regolata da un sapiente meccanismo d'immissione. Tutti hanno deposto all'entrata un certo numero di idee false e di pretese superflue, come i maomettani depongono le babbucce prima di entrare nella moschea. Tutti sono liberi, perché ognuno prima di entrare ha giurato dì rispettare in eterno i principi democratici, ha firmato cioè, prima di ogni altra cosa, un abbonamento perpetuo alla costituzione degli Stati Uniti. Non è forse questa la felicità? Non è un compromesso felice tra i due ostacoli che ci fermavano? Così la quadratura del circolo è risolta. La Germania è condannata non soltanto per aver violato il trattato di Versailles, ma essenzialmente per aver agito contro lo spirito e gli editti della coscienza universale e cioè della democrazia. Può riprendere però il suo rango tra le altre nazioni libere, se giurerà fedeltà alla dea offesa.

É necessario adesso considerare le nuove disposizioni in tutte le loro conseguenze. Questo ridurre gli stati alla condizione di privati cittadini ha come primo risultato il consacramento dell'attuale distribuzione della ricchezza nel mondo. L'ineguaglianza sociale si riproduce nella medesima misura negli stati, e nel medesimo rapporto con gli istituti giuridici. Il cittadino cioè è nominato guardiano dell'ineguaglianza che l'opprime. Nelle grandi città, questa situazione statica viene continuamente modificata dalle lotte politiche. Periodicamente il cittadino fa sapere, e spesso con una certa violenza, ch'egli non accetta di continuare a tenere il ruolo di guardiano se l'ineguaglianza iniziale non verrà emendata a suo profitto. Il contratto sociale viene così revisionato di continuo. A questo mezzo conferito dall'azione politica ai cittadini che cosa corrisponde nella scala degli stati? Ogni lotta politica su questo piano è guerra o preludio alla guerra; e tale guerra, nel nuovo sistema, non può essere che una guerra mondiale.

Voi siete liberi, ci si dice, ma liberi a patto di accettare la vostra sorte. Avete diritti uguali a quelli degli altri, ma dovete sapere che gli altri hanno rinunciato al diritto di discutere l'essenziale. Ecco una maniera ipocrita di reintrodurre il malthusianesimo. La Carta delle Nazioni Unite consolida il pauperismo come Briand-Kellogg consolidava Versailles. Non c'è nemmeno più bisogno di annessioni, non c'è più bisogno di coercizione; basta far accettare lo spirito democratico il quale rende gli stessi servigi di qualsiasi coercizione. I ricchi gridano: "Osanna", essi rendono grazie dopo aver cantato alcuni inni sul *Potomac* e proclamano il loro trionfo come il trionfo della giustizia e della pace. É splendido. Non c'è nemmeno più bisogno di parlare di "mostri". I mostri sono spariti, è finita. Non occorre togliere loro le colonie per sfruttarle in loro vece, essi non hanno più colonie: né la marina per affittare loro navi, essi non hanno più navi: né le loro officine perché essi debbano pagare carissimi alcuni tegami fabbricati a Detroit o ad Essen dai capitalisti di Detroit, essi non hanno più officine. Basta persuaderli a considerare eccellente lo stato attuale delle cose, di considerarlo come una di quelle fatalità contro cui nulla si può. La Carta delle Nazioni Unite realizza l'economia di un *diktat*. Versailles è una puerilità giacché abbiamo Briand-Kellogg. Democrazia e immobilità, ecco la nostra divisa: tutto va per il meglio nel migliore dei mondi, e perciò s'invitano i diseredati a montare la guardia davanti al patrimonio dei giusti.

S'incontrano così e si compenetrano due uomini all'apparenza estranei, il morale e l'economico. Norimberga pretende di garantire la pace. Accade però che la pace e la coscienza universale, benché seggano nell'empireo, sono come i re i quali, diceva Montaigne, sono sì seduti sui loro troni, ma sono sempre seduti sul culo. Così le idee pure, le idee impalpabili, incarnandosi nei sovrani debbono mettere mano agli impuri lavori connessi col mestiere del principe. La loro amministrazione, in ultima analisi, consiste nel distribuire le ricchezze. Non si può amministrare il mondo spirituale senza sconfinare nel temporale. Non si possono spodestare i sovrani del potere spirituale senza togliere loro anche una parte di quello temporale, che è ad esso connaturato, come la terra con le radici. Allora possiamo chiedere: "Pure idee, idee impalpabili, chi sono i vostri ministri? A quali intendenti, a quali cancellieri, a quali nobili paggi addetti alla vostra persona avete affidato l'amministrazione dei beni temporali di cui vi siete sbarazzate? Quale congregazione regna su di noi? Se ci ordinate di montare la guardia, vorremmo sapere davanti a che cosa la montiamo. Se ci ordinate di salutare chi passa alla porta, vorremmo sapere chi è seduto nelle vostre carrozze". Ma il tribunale, in questa seconda sezione dell'atto d'accusa, non risponde a tale quesito. Si contenta di porre i principi da noi descritti, attraverso questi cercheremo di leggere l'avvenire.

Giacché, misurando i giardini del nuovo Eden, vediamo precisarsi un poco meglio le forme e il profilo del mondo futuro. La nuova legge è decisamente una buona cosa. La prima sezione dell'atto d'accusa ci scacciava dalla città, ce ne scacciava praticamente, ed è detto tutto; la seconda sezione si scaccia giuridicamente dandoci il titolo di cittadino del mondo. Dapprima abbiamo imparato che non avevamo il diritto di riunirci sulla piazza davanti alla casa del cadì, e di dire: "Questa città fu dei nostri padri ed ora è nostra, questi campi furono dei nostri padri e perciò ci appartengono". E adesso il cadì non ha più il diritto di camminare preceduto dalla spada della giustizia: egli ha abbandonato la sua sovranità, ecco agenti bellissimi con un casco bianco in testa i quali annunziano la pace e la prosperità. Benvenuti, agenti dei nostri padroni! Voi non vegliate soltanto sul nostro sonno, voi regolate le varie circolazioni, quella delle nostre macchine, quella delle nostre idee, del nostro denaro e, presto, quella delle nostre truppe. Il cadì esce ogni giorno dal palazzo per andare a dire le sue preghiere scortato dai soldati del suo *goum*. Finge di non vedervi: e noi, guardandoci indietro, pensiamo con amarezza ai sultani che facevamo sfilare nello stesso modo.

In questo mondo che poco fa sentivamo fluido, sfuggente ad ogni definizione e certezza, c'è infine qualche cosa di stabile, di definitivo, d'irrevocabile: le leggi che ci rendono tributari. Da noi, nelle nostre città, più nulla vi è di sicuro, non esistono più limiti certi tra il bene e il male, non vi è più terra su cui poggiare i piedi: ma sopra di noi un'architettura vigorosa comincia a disegnarsi. Il cittadino francese, tedesco, spagnolo, italiano, non sa bene quale sorte sia a lui riservata, ma il cittadino del mondo sa che l'impalcatura armoniosa dei patti s'innalza per lui. La sua persona è sacra, le sue merci sono sacre, i prezzi di costo sono sacri, i margini di guadagno sono sacri. La repubblica universale è la repubblica dei mercanti. La lotteria della storia è ferma una volta per tutte. Vi è una sola legge, quella che permette la conservazione dei guadagni. Tutto è permesso, salvo il tornare su queste cose. La distribuzione dei lotti è definitiva. Siete in perpetuo venditore o compratore, ricco o povero per sempre, padrone o tributario sino alla fine dei secoli. Là dove le sovranità nazionali si spengono, comincia a risplendere la dittatura economica mondiale. Un popolo non ha più alcun potere contro i mercanti se ha rinunciato al diritto di dire: "Ecco i contratti, ecco gli usi, e voi pagherete questa decima per sedervi". Gli Stati Uniti del mondo sono una concezione politica soltanto apparentemente: in realtà si tratta di una concezione economica. Questo mondo immobile non sarà più che un'enorme borsa: Winnipeg dà il corso del grano, New

York quello del rame, Pretoria dell'oro, Amsterdam del diamante. Quale rimedio ci rimane se non siamo d'accordo? La discussione tra ricco e povero? Ne conosciamo i risultati. Il cattivo umore, la chiusura dei porti? Gli altri hanno mille mezzi per farcene pentire. Chiunque rinunci al diritto di tassare lo straniero, di farlo uscire dalla città con le sue merci, di chiudere i porti ai missionari, rinuncia anche alla libertà e a tutti i suoi beni. Che cos'è mai uno sciopero, che cosa una conquista sociale in un paese forzato ad adeguare i suoi prezzi a quelli dello straniero? Questo problema ci dà la chiave delle nostre difficoltà. attuali: la vita del proprio paese si assicura soltanto restando padroni in casa propria. congedando lo straniero. Ma la nuova "costituzione del mondo", come dice il presidente Truman, c'invita a fate il contrario. Questa politica ha un nome: tre quarti di secolo fa si chiamava per decenza "la politica della porta aperta". Noi siamo diventati la Cina. L'elezione del presidente degli Stati uniti c'interessa più delle nostre crisi ministeriali.

Ci rimane però una consolazione ed è la coscienza universale che ci governa. Giuristi perfettamente aggiornati ci portano leggi già fatte. Essi sono i guardiani della vestale Democrazia. Simili ai grassi eunuchi i quali sorvegliano le strade dell'*harem*, hanno un volto sconosciuto e parlano un linguaggio a noi inconsibile. Sono gli interpreti delle nuvole. La loro funzione consiste nel metterci a portata di mano i preziosi misteri della libertà, della pace, della verità: ci spiegano che cosa sia il patriottismo, in che consista il tradimento, il coraggio, il dovere di un cittadino. Ci spiegano il nuovo concetto dell'onore e il viso della nostra nuova patria. O leggi del nostro paese, leggi della nostra città, leggi intere e vigorose, leggi che sapevano di carne e di sangue, leggi della nostra terra! O leggi del principe gridate dall'araldo nei villaggi, ordinanze sulle quali i consiglieri davano il loro parere tenendo in mano il berretto quadrato! O vecchio reame, tempi dei corsari, dove siete? O leggi guerriere, leggi omicide, ormai lo sappiamo, voi eravate leggi di pace e d'amore! O leggi ingiuste, voi eravate leggi di giustizia! O leggi dì proscrizione, voi eravate leggi di salvezza! Leggi di spoliazione, voi eravate leggi tutelari! O leggi, voi eravate la nostra vita e il nostro respiro. Eravate la misura della nostra forza ed anche nel male ci davate la maniera di moderare i nostri impulsi. Eravate il nostro sangue e l'anima nostra. Eravate il nostro stesso volto. E vi riconoscevamo, sì, vi riconoscevamo in pieno: anche le più brutali, quelle che oggi chiamiamo ingiuste, anche la revoca dell'editto di Nantes che ci hanno insegnato a maledire, come tutte ci appaiono leggi moderate e sagge accanto alle leggi emanate dallo straniero! Adesso è il tempo della legge senza volto, il tempo delle falsificazioni e dell'assassinio chiamati "legge". Oggi una macchina per fabbricare il mondo ha preso il posto dei nostri consiglieri. Ogni tanto essa mette in circolazione un prodotto mostruoso, secco, igienico, disumano, che noi guardiamo stupiti, come si guarda un aerolito. E i nuovi legislatori ci spiegano che tutti i soldati tedeschi andavano impiccati come assassini comuni e tutti i civili francesi dovevano essere fucilati per intesa col nemico, ma si è stati "indulgenti". O leggi barbare del tredicesimo secolo, usi del Poitou, duello con i bastoni, adunata, giudizio di Dio: oggi la giustizia e la mansuetudine illuminano le vostre fronti! Ingegneri invisibili tracciano con una cordicella il nostro universo. Avevamo una casa, avremo al suo posto la pianta di una casa. Un occhio in mezzo ad un triangolo, come sulla copertina di un catechismo, governa la nuova creazione politica. Gli idealisti si sono scatenati. Ogni produttore di mostri ha diritto alla parola. Il nostro mondo sarà bianco come una clinica, silenzioso come una camera mortuaria. É il secolo degli incubi: idealismi, io vi odio.

Questa è la realtà, malgrado le belle frasi che ad ogni occasione vengono dette sulla nostra indipendenza. Oggi i vincitori, impauriti per le conseguenze di ciò che hanno fatto, ci possono anche assicurare che nulla di tutto ciò è grave; le città saranno ricostruite, verranno distribuiti carbone, macchine, benzina, cotone (ma non ai cattivi, si capisce, per esempio non ai fascisti spagnoli), avremo il diritto di essere nazionalisti quanto vorremo: potremo avere teste balzane se così vogliamo, crearci nemici, niente è mutato. Noi sappiamo che è soltanto un *trompe-l'oeil*, e che tutti i piani economici del mondo non possono sostituire i diritti politici a noi tolti.

Le nazioni sono evirate. La teoria degli Stati Uniti del mondo è un'impostura fondata su un postulato politico, e il postulato dell'eccellenza democratica è un postulato esattamente simile a quello dell'eccellenza del marxismo.

É inoltre un mezzo di intervento proprio come lo è il marxismo. Noi non siamo più uomini liberi: non lo siamo più da quando il tribunale di Norimberga ha proclamato che al di sopra delle nostre volontà nazionali, esiste una volontà universale la quale, sola, può emanare le vere leggi. Non è il piano Marshall a minacciare la nostra indipendenza, sono i principi di Norimberga. Coloro i quali attaccano oggi il piano Marshall non lo sanno o non lo vogliono dire, ma in realtà attaccano la morale di Norimberga: metà del popolo francese protesta oggi senza saperlo perché Göring è stato impiccato.

D'altra parte sappiamo dove tutto ciò porta. Per comodità di accusa, le Nazioni Unite hanno promulgato una dottrina ambigua che le pone oggi davanti a difficoltà drammatiche. Chi crede alla buona fede dei sovietici non ha torto. Tale buona fede, intesa "come principio" non è forse evidente? Si chiede loro di accusare la Germania di delitti contro la democrazia. Su questo punto erano d'accordo. Si propone loro di promulgare che in avvenire il mondo sarà governato con spirito democratico; ciò era per loro della massima convenienza. L'equivoco apparve quando dalla teoria si volle passare alla pratica. I russi pensavano, è evidente, di essersi impegnati a esportare la costituzione sovietica che, dal loro punto di vista, è la più democratica del mondo: essi erano partigiani dell'ingerenza, ma intermediari dovevano essere i partiti comunisti: approvavano i piani (purché fossero triennali, quadriennali, quinquennali) delle esportazioni (a patto che esse fossero dirette verso l'est); approvarono le conferenze internazionali soltanto se Viscinsky veniva ascoltato docilmente. Avevano compreso che lo spirito democratico avrebbe alitato da Mosca sul mondo, circolando in senso contrario a quello dalle lancette di un orologio. Quando venne spiegato loro che si trattava di tutt'altra cosa, che bisognava diffondere la costituzione americana, il dollaro e il voto a scheda segreta, favorire le ispezioni della Croce Rossa, e riunirsi nella sala da pranzo di Marshall, videro e dichiararono il malinteso. Mettetevi al loro posto. Essi non hanno certo fatto la guerra perché l'ambasciatore americano possa fare la pioggia e il bel tempo a Varsavia.

Questo è il pericolo delle formule vaghe e delle idee false. Ci accorgiamo oggi che l'inoffensivo Briand-Kellogg conteneva molto materiale esplosivo di cui non si supponeva l'esistenza. Era eccellente per condannare la Germania, ma è esecrabile per governare il mondo. Oggi, i giudici di Norimberga, se vogliono essere conseguenti, debbono denunciare come nemici della coscienza universale gli stati i quali non applicano la democrazia all'americana. Debbono metterli fuori della comunità internazionale; e la coscienza universale, per adempiere il suo dovere sovrano, deve metterli al bando come ribelli. Così i principi di Norimberga non soltanto ci pongono sotto tutela, ma ci condannano a un'altra guerra, a una guerra in tutto simile alla precedente, una guerra non necessaria, una guerra ideologica, un'ipotetica guerra del diritto. Ed ecco perché migliaia di giovani francesi e tedeschi porteranno forse tra qualche mese lo stesso eguale elmetto rotondo, in onore di una morale superiore, la quale consiste, per loro e per noi, a non essere padroni in casa propria. É vero che, in cambio di questa politica di Gribouille, avremo la soddisfazione di sapere che il nazionalsocialismo e il bolscevismo erano le due facce di una medesima mostruosità. Non so se gli americani si siano accorti che questa dichiarazione supplementare non serve certo a semplificare le cose.

La terza sezione dell'atto di accusa è, come la seconda, classica. Si tratta di "crimini di guerra". Il tribunale poggia qui su un testo preciso: le convenzioni dell'Aia del 1907. Chiama "crimini di guerra" gli atti commessi dai belligeranti nel violare quelle convenzioni, le quali regolano i metodi riconosciuti dagli stati sovrani come conformi ai diritti della guerra. A questa procedura non c'è niente da obiettare. Vedremo più avanti dove comincia, su questo punto, la disonestà. Prestissimo però fu scoperto che il diritto internazionale promulgato, e cioè il testo delle convenzioni dell'Aia, non permetteva di raggiungere alcune azioni che pure bisognava far pagare ai tedeschi. S'inventò allora una nuova qualifica, quella del "crimine contro l'umanità". E servì da titolo alla quarta sezione dell'atto di accusa. Ma poiché non si sapeva bene dove finissero i "crimini di guerra" e iniziassero i "crimini contro l'umanità", e poiché d'altra parte era utile far scivolare sotto una qualifica incontestabile le azioni che dipendevano in realtà dalla qualifica contestata, la terza e la quarta sezione furono costantemente confuse l'una con l'altra. E nella nostra analisi c'è impossibile separarle, sebbene il pubblico ministero prenda a fondamento di queste due accuse principi diversissimi.

All'opinione pubblica è stata data in pasto questa parte dell'atto di accusa; abbiamo già detto perché. Per giudicare i principi, apparentemente ragionevolissimi che informano l'atto di accusa, bisogna innanzi tutto giudicare l'accusa. E la verità non è così facile a individuarsi come forse potrebbe sembrare. Sulle atrocità tedesche esiste una letteratura abbondante, in netto contrasto con ciò che tutti noi abbiamo visto. Quaranta milioni di francesi hanno visto, durante tre anni, i tedeschi nelle proprie città, nelle fattorie, nelle case, sulle strade, e non hanno potuto constatare in nessun modo la loro mostruosità. Fummo forse vittime allora di un travestimento gigantesco sotto il quale si dissimulava la "bestia"? O i rapporti fatti dopo sono stati esagerati? Non abbiamo alcun interesse a difendere "la buona Germania"; anzi la politica del governo francese durante l'occupazione apparirebbe molto più efficace se i tedeschi fossero effettivamente dei "mostri". I "resistenti" hanno interesse a sopravvalutare e sfoggiare le loro sofferenze: si sa che le sofferenze si trasformano facilmente in buoni posti. Ci siamo sbagliati sui tedeschi? Siamo pronti a riconoscerlo in piena buona fede, non ci sentiremo certo sminuiti; ma dov'è la verità?

Ecco il primo ostacolo: ma insieme a questo ve ne sono altri. Si accusa la Germania dello sterminio di migliaia e migliaia di esseri umani. Beninteso, noi condanniamo tali procedimenti in ogni tempo, ed anche in tempo di guerra. Su ciò non v'è dubbio possibile: e se durante la guerra fossero venute a nostra conoscenza alcune azioni rimproverate oggi alla Germania, avremmo protestato subito contro quelle azioni. Ma prima, giova ripeterlo, dobbiamo esigere una verifica imparziale delle accuse, verifica non ancora fatta; dopo di che non possiamo parlare di cose simili fingendo di dimenticare che gli alleati hanno usato con metodi diversi, ma altrettanto efficaci, un sistema di sterminio quasi egualmente esteso; infine a noi francesi non è permesso di ignorare, esprimendo il nostro giudizio, che quello sterminio (come risulta chiaramente dalla stessa accusa) fu diretto soprattutto contro popolazioni allogene, e soprattutto contro gli slavi. La propaganda della resistenza ha mirato a creare una confusione totale: ha parlato di campi di concentramento come se il trattamento usato ai francesi e agli slavi fosse stato il medesimo, e ha scelto in ogni luogo il *maximum* dell'atrocità presentandola come una regola. Come risultato, i lettori dei nostri giornali sono convintissimi che a Ravensbrück ogni giorno cinquecento bambini di Belleville fossero scaraventati nei forni al canto di *Lily Marlene*. Dobbiamo inoltre fare attenzione su un altro punto. Riconosciamo che tra la Germania e la Russia è aperto un conto spaventoso: e, a rischio di sorprendere molto i lettori, aggiungerò che se le cifre presentate dal governo sovietico, riguardanti perdite e sventure, sono esatte, i russi sono stati moderati nelle rappresaglie dell'occupazione. Se è vero che i loro prigionieri sono stati massacrati a centinaia di migliaia, che le loro provincie sono state distrutte, spopolate e rase al suolo, i loro contadini impiccati come grappoli umani, se ciò che essi affermano è vero, avrebbero il diritto di trasformare metà della Germania in un deserto polveroso, in virtù proprio di quella legge del taglione da noi sovente ricordata. Ma essi non hanno fatto nulla di ciò; hanno avuto il sangue freddo di comprendere che sopprimere i nemici irriducibili e stabilire solidamente il proprio potere, erano obbiettivi più importanti della vendetta. Ed hanno lasciato condannare i tedeschi giuridicamente, per fatti che la loro politica annullava. Non siamo dunque più realisti del re. Quanto è accaduto ad Auschwitz, a Majdanek e in altri luoghi riguarda gli slavi: noi ci dobbiamo occupare dell'Occidente. Non reclamiamo debiti che il debitore non reclama. Cerchiamo invece di correggere le esagerazioni della nostra propaganda. Per noi è importante sapere ciò che i tedeschi hanno fatto "a noi". Su questo punto esamineremo i documenti di Norimberga.

Compito tanto più facile, in quanto il tribunale ha affidato al pubblico ministero francese l'incarico di presentare i fatti qualificati "crimini di guerra e crimini contro l'umanità", per quel che riguarda il settore occidentale. Abbiamo dunque un mezzo eccellente per sormontare la prima difficoltà cui ci siamo trovati di fronte poco fa. La requisitoria ufficiale ci permette di trascurare le requisitorie private riunite da giornalisti o scrittori improvvisati, requisitorie che il procuratore francese non ha ritenuto utile prendere in considerazione. Nel medesimo tempo ci permette di isolare con facilità i fatti concernenti il nostro paese, tra le accuse formulate confusamente contro il nazionalsocialismo. Il nostro scopo è di chiederci: le atrocità tedesche di cui ogni giorno la nostra stampa parla sono state provate? Che dice su questo punto l'accusa più grave, la sola autentica, quella esposta a Norimberga? Invece di passare subito all'esame dei principi, di assidersi vicino al giudice e di guardarlo giudicare, bisogna dunque occuparsi dell'istruttoria : bisogna cercare di vedere quello che vi è di solido nella requisitoria. Ascolteremo i testimoni insieme al tribunale ed esamineremo tutta la documentazione. E alla fine ci chiederemo : e noi?

Basta una lettura affrettata del processo di Norimberga per accorgersi che, dal momento in cui prende la parola la delegazione francese (incaricata di questa parte della requisitoria), i metodi del processo sono completamente trasformati, Le delegazioni americana e inglese, cui erano state affidate la prima e la seconda sezione dell'atto di accusa, avevano rispettato certe norme, non obbligatorie ai termini del regolamento del tribunale internazionale, ma di stretta prudenza. Per esempio, la maggior parte dei documenti citati erano tedeschi, trovati negli archivi tedeschi e firmati da responsabili identificati: se il pubblico ministero depositava un documento proveniente da uno degli stati alleati, lo dichiarava esplicitamente, giacché tali documenti non avevano lo stesso esatto valore dei documenti di origine tedesca. Nello stesso modo, i testimoni finora citati, salvo pochissime eccezioni, erano funzionari o generali tedeschi, il colonnello Lahousen dello stato maggiore dell'ammiraglio Canaris, il generale delle SS Ohlendorf, il maggiore Wisliceny, addetto di Eichmann alla direzione dei problemi ebraici, il generale delle SS Schellenberg, il guardiano Hollrieg del campo di Mauthausen, il generale delle SS von dem Bach Zelewski, gli ufficiali operanti nei sottomarini Heisig e Mohle. Le obiezioni della difesa sull'origine dei documenti erano rare, il presidente non doveva quasi mai arbitrare incidenti. A partire dal momento in cui si alza il nostro delegato, tutto cambia, e le basi dell'accusa appaiono differentissime, creano tali incidenti, provocano tali proteste dello stesso tribunale, che è impossibile prendere in considerazione questa requisitoria senza sottoporla ad un'analisi preventiva.

La prima anomalia è la sparizione quasi totale di documenti e testimonianze tedesche. Non si può dire che tale sparizione sia indifferente. Essa è grave: il procuratore francese non è lì per enumerare "i crimini della Germania", giacché non si può impiccare "la Germania", ma egli vuol provare che le azioni incriminate risultano da ordini dati dagli accusati lì presenti. Egli chiede la pena di morte per Keitel, il cui quartiere generale era sul Dnieper; per Neurath il quale era *Reichsprotektor* di Cecoslovacchia; per Ribbentrop, ministro degli esteri; per Speer preposto agli armamenti; per Jodl dirigente le operazioni militari; per Baldur von Schirach; e non produce nessun documento atto a provare che Keitel, Neurath, Ribbentrop, Speer, Jodl ecc. hanno ordinato i crimini, forse veri, esposti. Domanda queste vite umane con vera leggerezza e senza prove. A rigore può presumere che Göring "sapeva" (Göring sostiene il contrario) o almeno "avrebbe dovuto sapere"; forse ha ragione ad affermare che Kaltenbrunner, assistente aggiunto di Himmler, che Seyss-Inquart, governatore dell'Olanda, "non potevano non sapere", anzi era loro dovere "sapere"; ma non porta le prove né dell'esistenza di un piano, né di esecuzioni di ordini dati personalmente dagli accusati. In un processo contro la Germania, egli potrebbe sostenere che la testimonianza delle vittime è indispensabile, non è possibile farne a meno: è disonesto però che egli non faccia un processo contro la Germania. Vorrebbe farlo, ma non può, l'entità "Germania" non è stata convocata dall'usciere. Parla contro uomini seduti davanti a lui, convocati per rispondere delle loro azioni e non delle altrui, e non ha il diritto di affermare l'esistenza di un piano prestabilito per distruggere la popolazione francese, giacché non ne ha le prove; né ha il diritto di accusare alcuni uomini di aver dato ordini dei quali non può affermare l'esistenza.

Il secondo atto disonesto della delegazione francese è quello di aver sostituito con un'enumerazione le prove inesistenti, gli ordini che non si possono provare senza documentarli. "Io non fornirò prove", dice il delegato francese, "ma farò venire tanti testimoni, depositerò tanti rapporti i quali proveranno chiaramente che, poiché in ogni luogo le cose si sono svolte nella stessa maniera, gli ordini esistevano". Bella cosa da dire nel paese di Descartes! I ragazzi di 14 anni, nei licei, sanno che la prima regola del metodo scientifico è quella di basarsi su enunciazioni "complete". Questo piccolo aggettivo è essenziale, giacché rappresenta l'onestà. La delegazione francese, simile nel suo modo di agire alla giustizia francese, ha in orrore le enunciazioni complete. La delegazione francese confonde catalogo e campione. Prende qualche rapporto di polizia ove si parla di massacri, e conclude: " Da per tutto avvenivano massacri. Signor Keitel, dal vostro quartier generale sul Dnieper voi davate *ordine* di massacrare a Annevoye. a Rodez, a Tavaux, a Montpezat-de-Quercy". Fa comparire tre o quattro deportati i quali descrivono i loro campi di concentramento, e conclude: "In tutti i campi di concentramento avvenivano le medesime cose e ciò prova in tutti voi, Speer. Dönitz, Hess, Rosenberg, una *volontà sistematica* di sterminio. Io espongo, dunque io provo. Vi mostro delle fotografie; come se voi stessi foste stati sul luogo. Mi lamento, chiedo vendetta, e le mie lagnanze debbono avere valore giuridico: tanto più che io appartengo alla Resistenza". La delegazione francese crede di essere davanti alla corte di giustizia della Senna, e non capisce nulla quando il presidente interrompe freddamente.

I documenti con i quali la delegazione francese sostituisce le prove corrispondono alla stessa illusione ottica, e ciò creerà un imbarazzo grave in questa parte del processo. Ora la delegazione francese si attacca ad incidenti singoli che, per quanto in se stessi penosi, non hanno in alcun modo una portata generale: così l'arresto della famiglia del generale Giraud (su questo fatto ci sarebbero da dire molte cose) non prova affatto che le famiglie dei "resistenti" siano state sistematicamente deportate in Germania, e lo sappiamo tutti. Una buona statistica avrebbe risposto meglio allo scopo. Ora brandisce pezzetti dì carta fiutati, guardati, esaminati in trasparenza con visibili segni di dubbio: si tratta di un ufficiale di polizia di Saint-Gingolf (Varo) il quale testimonia sugli internamenti amministrativi; la polizia militare di Vaucluse assicura che in prigione si stava male, un capo di stato maggiore delle F.F.I (Forze Francesi dell'interno) ha trovato uno strumento a palle. Per coloro che sanno come la maggior parte degli ufficiali di polizia improvvisati al momento della liberazione, siano stati poi degradati, che un certo numero di membri della Sicurezza Militare sono ora in carcere e che i capi di stato maggiore delle F.F.I. erano di nomina recentissima, questi "rapporti" tempestati di timbri non sono molto impressionanti. Un'inchiesta seria avrebbe rivelato che il regime carcerario variava da carcere a carcere: a Fresnes si poteva non essere torturati, certi servizi di polizia erano corretti ed altri erano composti di carnefici. Anche i metodi della *Gestapo*, in Francia, sono stati assai diversi secondo i subalterni che li applicavano. E il presidente, davanti a questo singolare procedimento d'inchiesta, non aveva torto di sospirare, d'interrompere, e infine di ammettere quei rapporti facendo ogni riserva sul loro "valore probatorio", comprendendo bene che, rifiutandoli, avrebbe ridotto al silenzio la delegazione francese.

Ma è nella narrazione dei fatti che la delegazione francese brilla maggiormente. Riveliamo qui il nostro pensiero con un certo disagio: giacché l'interrogare qualcuno sull'esattezza dei fatti e l'onestà dei testimoni, quando è in giuoco la sofferenza altrui, sembra durezza di cuore e mancanza di umanità. É impossibile tuttavia tacere che racconti passati di bocca in bocca, dispersi, presentati necessariamente senza il sussidio delle circostanze, costituiscono insomma soltanto mezzi per commuovere, ma non sostituiscono in nessun caso un'inchiesta seria, completa, sul comportamento dell'esercito germanico in Francia. Sono fatti isolati: come tali, possono impegnare la responsabilità dei comandi locali, ma non si può pretendere di presentare la storia dell'occupazione militare della Francia tra il 1940 e il 1944, con dodici racconti di torture o di rappresaglie, tutti avvenuti nel 1944 e in regioni ove ogni arbusto nascondeva un franco tiratore. Su simili argomenti e' necessario dire tutto o tacere. Altrimenti un racconto parziale risulta davvero "parziale". Un giorno ci diranno: la Francia ha mentito.

I metodi da noi descritti costituiscono un sistema nel modo

di esporre della delegazione francese, la quale crede di essere davanti ad un giurì. Le si domanda un rapporto, essa preferisce un esposto. Si dedica anzi "all'esposizione dei crimini tedeschi": più la cosa è atroce, più grande è il suo trionfo. Oradour sur Glane, Maillé, Tulle, Ascq: non è più un magistrato che parla, sembrerebbe la stampa del settembre 1944. Non si tratta più di giustizia, ma di sporcare il nemico. La delegazione francese accetta, anzi è impaziente di partecipare con una manifestazione ufficiale all'impresa di umiliazione e di odio sfoggiata davanti all'opinione pubblica dalla stampa più ignobile della storia. La coscienza, l'onore dei magistrati diventa archeologia: tutti sono divenuti giornalisti. E uomini che con immenso dolore vediamo rappresentare il nostro paese non comprendono nemmeno ciò che vi è di umiliante nelle interruzioni fredde e cortesi del presidente, il quale a modo suo intende ricordare come, anche davanti a un simile tribunale, occorra mantenere un minimo di correttezza.

Questa presentazione disonesta, questo costante richiamo ai più bassi istinti dell'opinione pubblica li hanno condotti del resto a fallire completamente lo scopo. Alla delegazione francese veniva richiesto un rapporto, obiettivo e utilizzabile, sull'occupazione tedesca nei paesi occidentali tra il 1940 e il 1944. Nessuna persona seria potrà dire che un tale rapporto sia incluso nella relazione del processo. Il problema del saccheggio economico è il solo trattato con coscienza e presentato con cifre sufficienti come base di una discussione. Per il resto nessun quadro d'insieme, nessuna statistica, nessuno sforzo per mettere ordine nei fatti e presentarli con lealtà. Basterà, tra dieci anni, a uno storico tedesco riprendere l'esposto del nostro rappresentante e commentarlo con documenti, date e cifre, per abbatterci con la dimostrazione implacabile della nostra mala fede. Potrà mostrare con estrema facilità che la condotta tedesca, anche quella politica e militare, fu diversa nel 1941 e nel 1943; che certe disposizioni amministrative tedesche hanno protetto nei limiti del possibile le vite francesi, ed infine (e tutti lo sanno) che la vita del popolo francese è stata sopportabile almeno fino all'inizio del 1944. Quello storico ci dirà come non sia lecito confondere deliberatamente le carte, quando si tratta di accusare uomini, anche se fossero mostri. Ci proverà che il piano di sterminio del popolo francese non è mai esistito, fatto che spiega benissimo per quale motivo non se ne siano trovate le prove. Conseguentemente non avevamo il diritto di mettere sotto accusa, per questa ragione, uomini come Keitel e Jodl, soltanto perché non siamo riusciti a prendere Himmler vivo. Ci spiegherà che questa politica di "sostituzione" delle responsabilità che abbiamo abbondantemente usato verso i nostri compatrioti è una commedia giudiziaria tale da disonorare chi l'adopera. I fatti ci dimostrano (il che purtroppo è facile) cosa sia una politica di sterminio. Giacché in questo stesso processo e poco più avanti dell'esposto francese, c'è un esposto della delegazione sovietica che ci schiaccia. Sì, nell'Europa dell'est c'è un terribile conto aperto tra la Germania e i suoi vicini. Sì, c'è stata una politica di sterminio, e ne sono state trovate le tracce. Non per "enumerazione", secondo i metodi a noi cari, non per "campioni". Sono state ritrovate le deliberazioni delle conferenze del Führer, le istruzioni ai responsabili, gli ordini, tutto è stato ritrovato. Questa politica paurosa sventuratamente sembra che sia stata attuata: almeno esistono documenti che lo provano. E se può esservi per noi un punto d'incontro col dolore ipocrita degli accusatori della Germania, è nel nostro dolore sincero al pensiero di quegli uomini e quelle donne di Ucraina che ricevettero i tedeschi con le mani piene di fiori credendoli campioni della libertà e del diritto di vivere, e che furono massacrati, affamati, sterminati, stupidamente, dagli uomini stessi ai quali battevano le mani e che avevano forse in tasca l'ordine di farli sparire. Sì, quello fu un crimine. Ma risponde a verità? Vi è di tutto in quei documenti, che non sempre sono stati classificati con prudenza. Molto spesso furono scambiati per "ordini" dei "memorandum", cioè suggerimenti che furono respinti. Talvolta furono portati a conoscenza veri e propri "ordini"; dal processo risulta però che quegli ordini non furono eseguiti dai comandi d'armata perché troppo severi. Altre volte si è equivoco sul significato delle misure prese: per esempio, la distruzione sistematica dei villaggi non fu una politica di terrorismo, ma un mezzo di lotta contro i partigiani, mezzo consistente nell'evacuare il bestiame, gli abitanti e infine distruggere le case in modo da creare intorno ai partigiani una sorta di "terra bruciata", analoga a quella creata intorno alle divisioni tedesche dal comando russo. Nella stessa maniera, la distruzione di opere agricole o di raccolti, le razzie di popolazioni sono state usate dalle due armate: dall'armata russa nella ritirata e dall'armata tedesca nelle medesime circostanze. I tedeschi hanno persino affermato di aver fatto in Ucraina lavori imponenti, di aver sovente aiutato e rifornito di viveri la popolazione, e cioè proprio il contrario di quanto è stato sempre detto. A chi bisogna credere? Le cifre presentate dalla delegazione russa sono incontrollabili. E se la delegazione russa si fosse servita del processo di Norimberga per montare una propaganda enorme, come ha fatto la delegazione francese? Noi possiamo controllare le affermazioni della delegazione francese, sono cose avvenute in casa nostra. Ma come controllare le parole della delegazione sovietica? Su questa questione il processo rimane "aperto"; avremmo torto a crederlo chiuso dal giudizio pronunciato.

Tuttavia, pur tenendo conto della propaganda e delle falsificazioni, pur senza prendere posizione sull'essenziale (cosa a noi impossibile), come non sentire il peso schiacciante delle cifre e dei dati allegati dalla delegazione sovietica? La delegazione francese avrebbe evitato facilmente procedimenti odiosi e spregevoli, se avesse considerato che il suo esposto sarebbe stato stampato a poche pagine da questo terribile *dossier*. E avrebbe fatto benissimo a non permettere al lettore di confrontare le cifre della cosiddetta volontà di sterminio dei francesi con le cifre che documentano lo sterminio degli slavi. É triste, certo, dover contare le proprie vittime: 77 ad Ascq, 120 a Tulle, 800 a Oradour; citare 6 villaggi incendiati in Francia, 12 nelle Ardenne belghe. Non può però parlarsi, nemmeno di fronte a questi fatti, di volontà di sterminio, quando il rappresentante sovietico può alzarsi e citare 135.000 persone fucilate nella regione di Smolensk, 172.000 nella regione di Leningrado, 195.000 a Karkov, 100.000 a Babi Yar, vicino a Kiev, e affermare che l'esercito tedesco ha distrutto in Russia 70.000 villaggi. Anche se il rappresentante sovietico ha camuffato o esagerato i fatti, questa semplice comparazione prova che gli ordini di sterminio per la Francia non sono mai esistiti e che esistevano invece istruzioni che prescrivevano una politica di accomodamento. Sarebbe stato per lo meno onesto il riconoscerlo. Se qualche cosa può giustificare la condotta ragionata e "a sangue freddo" tenuta verso la Germania durante gli anni di occupazione è proprio il calcolo di ciò che ci sarebbe toccato rifiutandola.

Lasciamo questa disgressione e torniamo alla delegazione francese: le accade di trovare delle prove, o almeno pretende di trovarne. La delegazione francese vorrebbe fare come fanno tutti, e ogni tanto consegnare fieramente al tribunale, sul banco del presidente, un documento scritto in tedesco. Purtroppo, quando s'incomincia a voler provare cose inesistenti, innanzitutto non esistono documenti, e in secondo luogo accade di aver grosse delusioni con i documenti che si riesce a trovare. La documentazione francese è caratterizzata da questi due particolari: essa è rara, e può dirsi di lei, come delle ricette del dottor Knock, che riunendo i testi tedeschi che la compongono, non se ne farebbe un grosso volume. Inoltre zoppica sempre, è in perpetua contraddizione, non è firmata, non è chiara, e accanto alla ricchezza delle altre delegazioni fa, in verità, una triste figura.

Se è vero che la delegazione francese riuscì a scoprire un ordine concernente le torture da applicarsi durante gli interrogatori, si vede bene, esaminando quell'ordine, che esso interdice proprio le torture di cui si parla, e limita a casi precisi l'impiego di mezzi coercitivi ben definiti. Ciò non prova certo che i poliziotti tedeschi non adoperassero la tortura, ma prova che non erano stati dati ordini concernenti la tortura, come del resto viene fatto in tutte le polizie di questo mondo. Se la delegazione francese trova conti di gas micidiali, si sbaglia poi nella traduzione del testo e cita una frase ove può leggersi che quel gas era destinato "alla distruzione", quando il tedesco dice in realtà che era destinato "al risanamento", alla distruzione cioè dei pidocchi di cui tutti gli internati si lamentavano: d'altra parte, esaminando quelle fatture risulta che alcune di esse riguardano campi che non hanno mai posseduto camere a gas. La delegazione francese trascura intrepidamente questo particolare e confronta questi famosi conti con una frase pronunciata da un sottufficiale tedesco, al momento dell'arresto e captata da un testimone. Questo confronto eteroclito non la turba affatto e ritiene, con l'aiuto di un mucchio di conti malamente interpretati e una frase per aria, di "stabilire ampiamente" quella volontà di distruzione così ostinatamente ricercata.

Se alla fine riesce a depositare un documento autentico, subito ne trae un'interpretazione abusiva. Dopo molti altri, cita il decreto *Nacht und Nebel*, ma, poiché Hitler non è più presente per assumerne la responsabilità, l'attribuisce tranquillamente a Keitel, il quale contro quel decreto aveva elevato la sua protesta. Insieme alle altre delegazioni, cita un documento sul linciaggio degli aviatori alleati, ma dimentica di dire che quel documento fu soltanto un progetto e non divenne mai un ordine o una disposizione perché ad esso si opposero le autorità militari. E tutto ha la stessa consistenza. C'è sempre qualche correzione da fare: la difesa la fa, infatti, e lo stesso presidente interviene talvolta, spontaneamente. La famosa volontà di distruzione sembra alla delegazione francese "stabilita", da una lettera "non ancora autentificata", e che d'altra parte riguarda soltanto gli ebrei. La delegazione francese rimprovera alle autorità militari germaniche di aver rifiutato il rimpatrio dei prigionieri catturati abusivamente dopo la firma dell'armistizio. Essa utilizza una lettera dell'ambasciatore Scapini dell'aprile 1941, dimenticando però di dire che a quell'epoca l'esercito tedesco aveva liberato spontaneamente o in seguito a negoziazioni parecchie centinaia di migliaia di prigionieri francesi. Produce una testimonianza sui campi di punizione per i prigionieri evasi. Quei campi erano durissimi, ma bisognava dire onestamente che in generale i novecentomila prigionieri francesi in mano tedesca durante la guerra sono stati trattati secondo la convenzione di Ginevra.

Errori per omissione, per inesattezza, per addebito abusivo di responsabilità, per leggerezza di interpretazione; ecco ciò che si trova costantemente nel *dossier* presentato dalla delegazione francese. Se si trovano tante incrinature in questa documentazione ufficiale, se non si ha mai l'impressione di una onestà, di una lealtà assoluta negli uomini incaricati di parlare in nome del paese, allora quale valore ha il *dossier*, quale l'inchiesta? Che cosa ci proteggerà contro il rimprovero di aver fabbricato "un falso"?

Ma non è tutto: restano i testimoni. Le testimonianze sono in sintonia con l'esposizione dei fatti. Come sappiamo, la delegazione francese ne abbonda. Ripetiamolo ancora una volta; non si trattava qui soltanto di giudicare Kaltenbrunner, aiutante di Himmler, ma Jodl, Keitel, Ribbentrop, Dönitz, Hess eccetera. La delegazione francese (nondimeno) non si rivolge al tribunale: sì rivolge all'umanità. Abbiamo detto prima quali fossero i testimoni del pubblico ministero americano e di quello inglese. Quei testimoni tedeschi forse non dicevano tutta la verità: pensavano a se stessi e forse poteva essere loro utile accusare i capi. Ma almeno al futuro storico germanico si potrà dire che quei testimoni non erano animati da odio né da intenzione di nuocere. I testimoni della delegazione francese sono di tutt'altra natura. Per loro, il tedesco è il nemico: non si accumuleranno mai abbastanza accuse su di lui: essi sono lì per descrivere atrocità, per tenere una conferenza sulle atrocità viste, su quelle raccontate a loro o raccontate ai loro amici. L'unica preoccupazione è di non mostrare troppo palesemente l'odio, di conservare almeno da principio un'apparenza di obiettività.

La sfilata di questi testimoni colma il lettore di stupore. É difficile credere quanto lontano possa spingersi l'incoscienza. La prima testimonianza presentata al tribunale è un *affidavit* della signora Jacob, che concerne il campo di Compiègne e comincia così : "Abbiamo avuto la visita di parecchie personalità tedesche: Stülpnagel, Du Paty de Clam...". L'inizio fa prevedere il resto. Si vedono apparire successivamente personalità della medesima risma. Ecco Maria Claudia Vaillant-Couturier, deputata comunista, e dopo di lei ecco un testimone, Veith di nome, un altro, certo Boix, un altro ancora, Balachowsky. Il loro interrogatorio comincia così : « *Il presidente:* "Volete sedervi e dichiarare il vostro nome, per piacere?" -*Veith*: "Giovanni Federico Veith. Sono nato il 28 aprile 1903 a Mosca" ». E al seguente: « *Il presidente:* "Come vi chiamate?". *Francesco Boix*: "Francesco Boix ". *Il presidente*: "Siete francese?" *Boix*: "Sono un profugo spagnolo" ». E così si sa che Boix è nato a Barcellona. All'ultimo: « *Il presidente:*"Come vi chiamate?" *Dottor Alfredo Balachowsky*: "Balachowsky Alfredo". *Il presidente:* "Siete francese ?" *Dottor Balachowsky*: "Francese" ». E qualche momento dopo: « *Dubost* (rappresentante del pubblico ministero francese): "Siete domiciliato a Viroflay? Siete nato il 15 agosto 1909 a Korotcha in Russia?". *Dottor Balachowsky*: "Esatto" ». Ecco tutto. Alla fine, su nove testimonianze presentate dalla delegazione francese, soltanto tre (quella del signor Lampe, del signor Dupont e del signor Roser) sono testimonianze di uomini nati in terra di Francia: non tengo conto della testimonianza di Maria Claudia Vaillant-Couturier, deputata comunista, evidentemente suggerita dal partito (come del resto i discorsi pronunciati alla Camera) e che, con le sue esagerazioni sul più tragico degli argomenti, ha provocato scoppi di risa a calmare i quali si è reso necessario l'intervento del presidente.

Ecco dunque, su nove testimonianze, un certo numero di deposizioni che abbiamo ritenute sospette dalla sola enunciazione dello stato civile dei testimoni. Come sostenere che le altre deposizioni sono inattaccabili? Tuttavia può anche essere; e in assenza di un'inchiesta contraddittoria che nessuno ha potuto ancora fare, bisogna pure attribuire loro una certa autorità. Inoltre siamo costretti ad esaminarle con i mezzi a nostra disposizione. Delle tre citate, due sono testimonianze di deportati: l'uno dei comparenti era deportato a Mauthausen, l'altro a Buchenwald. Questi due testimoni furono rispettivamente deportati nel marzo 1944 e nel gennaio 1944. Anche accettando la loro testimonianza, rimane tuttavia il fatto che si tratta di una testimonianza valida soltanto per il periodo posteriore all'internamento. Non sarebbe stato utile controllare con altre testimonianze se il regime di Mauthausen e quello di Buchenwald furono gli stessi durante gli anni precedenti? Il terzo testimone è un sottufficiale, prigioniero di guerra, evaso nove volte, nove volte ripreso e che depone sui campi disciplinari per prigionieri di guerra. Qualunque sia la fiducia da lui ispirata, c'è un errore evidente del pubblico ministero nella condotta dell'interrogatorio, giacché gli si fa deporre su fatti che non ha visto, a lui raccontati da camerati a cui furono raccontati da altri camerati. Eccone il risultato: "Un soldato di cui non so il nome ", gli ha raccontato, "in una città della quale non sa ricordare il nome", in un giorno imprecisabile ecc. Un'informazione importante gli fu fornita "dal personale di cucina": peccato che tale informazione sia in contraddizione con i documenti trovati altrove. Immaginiamo che la difesa abbia smantellato con facilità questa testimonianza di seconda e terza mano: un avvocato arriva persino maliziosamente a far "descrivere" dal testimone un assassinio a cui qualche minuto prima aveva dichiarato di non aver assistito. Beninteso, ciò non vuol dire che non vi siano stati campi disciplinari, assassinii e prigionieri evasi, non significa che non vi siano stati campi di concentramento. Ma su fatti così gravi non sarebbe stato preferibile che i documenti prodotti dai rappresentanti della Francia fossero incontestabili e soprattutto completi? I testimoni controllano appena il loro odio: gridano, come davanti a una delle nostre corti di giustizia, che debbono vendicare i compagni, che non bisogna dimenticare, che sono qui per impedirlo. Soltanto, noi chiediamo la verità: non è la stessa cosa. Quando la difesa li interroga, allora si vede uno spettacolo singolare. La difesa, per loro, è "il nemico" : è necessario non farsi prendere al laccio. Diventano agili come Proteo, astuti come Pathelin: rispondono, non rispondono, prima di ogni altra cosa stanno attenti a non dar vantaggi alla difesa, sono infine i testimoni del pubblico ministero. Sono venuti come accusatori, sono gli altoparlanti della "resistenza"; non sono affatto uomini venuti dalla loro città per aiutare il tribunale a conoscere la verità.

Questa obiezione è grave, perché è accompagnata da circostanze di cui bisogna avere il coraggio di parlare. Innanzitutto, non si può fare a meno di chiedersi, in determinati punti delle deposizioni, se non si tratti di testimonianze accomodate. Ci sono risposte e affermazioni che non sembrano appartenere a testimonianze dirette, e ogni tanto ritornano, come veri ritornelli. I testimoni vengono interrogati sulla famosa "volontà di sterminio" del popolo francese. Senza dubbio, rispondono in coro, la volontà di sterminio esisteva, senza dubbio esistevano "ordini superiori". Vengono interrogati sulla responsabilità dell'intero popolo germanico. Senza dubbio, rispondono anche questa volta, il popolo tedesco sapeva ciò che accadeva nei campi. Vengono interrogati sull'organizzazione del servizio di guardia del campo. Sono sempre le SS, dichiarano con fermezza. Il contro-interrogatorio invano fa rilevare cose sorprendenti: gli ebrei messi subito in disparte, la proibizione formale, pena la morte, fatta ai guardiani tedeschi di parlare dei campi. Invano è stato dimostrato che le SS furono inviate al fronte sin dal 1943 e sostituite da una specie di territoriale: nulla conta. I testimoni si pronunciano con sicurezza su questioni delle quali non possono parlare, e rispondono precisamente quello che la delegazione francese vuol sentir dire.

Esistono circostanze anche più inquietanti. Perché soltanto questi testimoni, ed essi soli, hanno deposto? Giacché si afferma che l'accusa poteva sostenersi soltanto con un campionario, quale criterio ha ispirato questa selezione? Si è voluto dare un'idea esatta dell'occupazione tedesca e dei campi d'internamento, o si sono cercati prima di ogni altra cosa testimoni ad effetto? Perché le testimonianze riguardano tutte il 1944? Perché concernono soltanto i campi di Mauthausen e di Buchenwald allorché esistevano venti campi d'internamento e duecento comandi? Si sa che tra i deportati vi era un certo numero di persone internate per borsa nera e per colpe di diritto comune. Perché non se ne precisa la percentuale? Perché non è stato ascoltato nessun internato appartenente a quella categoria? Ci è stato spiegato che i *kapos*, scelti dai tedeschi tra gli internati stessi, sono responsabili di una gran parte delle atrocità commesse. Perché non è stato convocato nessuno di coloro i quali accettarono quel ruolo? Tutti, nel nostro paese, ne conosciamo almeno uno, e la cosa ha fatto un considerevole rumore. Ce ne sono centinaia di altri. La storia dei campi non è dunque chiarissima, ed esistono cose che si preferisce lasciare nell'ombra? Ma allora, se non ci dicono tutto, quale valore ha questa storia prefabbricata, questa preparazione artificiale di campioni? Noi abbiamo, noi cominciamo ad avere delle prove di questa selezione preventiva delle testimonianze. Un prigioniero di guerra, convocato da una commissione d'inchiesta per la raccolta delle testimonianze, ha raccontato cose a lui accadute durante il periodo della prigionia.. Lo si è ringraziato spiegandogli che non si sarebbe tenuto conto della sua testimonianza poiché essa non conteneva alcun elemento di accusa contro i tedeschi. Un deportato è stato anche lui sondato. Era a Mauthausen come gli altri, ma non parla di Mauthausen proprio nella stessa maniera degli altri. É stato convocato: la sua testimonianza è stata registrata ma non usata, e non gliene hanno spiegato la ragione. É chiaro che non si volevano avere testimonianze tali da far da contrappeso. Arriviamo adesso ad una circostanza per lo meno strana. Essa è riportata in un'inchiesta del settimanale spagnolo *Madrid* e mi è stata confermata da parecchi corrispondenti. Perché rifiuteremo questa testimonianza, giacché il signor Dubost ammette quella del signor Boix? Si tratta del compito di mimetizzare e sistemare le cose, perseguito dai vincitori per giovare a un certo turismo pubblicitario. Per impressionare le fantasie, alcuni campi sono stati trasformati in musei. Si conservano così, adoperando pupazzi di cera, le camere a gas ricostruite, scene di tortura montate come al museo Grévin, il ricordo infine degli orrori descritti dalla propaganda. Non c'è male, anche così ... Ma poiché spesso i luoghi non si prestavano a una ricostruzione, la cazzuola ha preso il sopravvento, sono state costruite (come al cinema) scene complete di tortura in luoghi ove mai erano esistite; oppure (sempre con la pietosa intenzione di accostarsi a una maggiore verosimiglianza) si sono costruiti ad Auschwitz e a Dachau, per esempio, forni crematori supplementari destinati a calmare gli scrupoli di qualche cervello matematico. La storia si scriverà così : si arriverà, è evidente, perfino a fabbricarla. Ciò prova che nell'arte difficile della propaganda abbiamo fatto notevoli progressi. Se la razza degli storici non e' condannata a sparire, sarà prudente dare a tutti loro una rigorosa formazione archeologica.

Non sono uno spirito intrepido simile ai membri della delegazione francese; non concluderò quindi che c'è stata "volontà di falsificazione", ma non posso nascondere al lettore che "piccoli fatti" del genere di quelli citati mi rendono circospetto.

La requisitoria della delegazione francese è così fragile che ci dà il diritto di chiedere testimonianze supplementari. Giacché chi sceglie di provare qualche cosa elencando testimonianze, non può rifiutare che lo si aiuti in quell'enumerazione. E i testimoni conosciuti danno maggior garanzia dei testimoni presentati nella versione ufficiale. La delegazione francese forse non se ne è resa conto, ma il suo modo di procedere lascia la questione aperta indefinitamente. Ora i testimoni "sinceri" che ciascuno di noi ha potuto sentire sono lungi dall'essere categorici come i testimoni ufficiali: almeno "erano" lungi dall'esserlo appena usciti dai campi. Su questo punto si è prodotto un fenomeno interessantissimo. Le testimonianze autentiche, genuine, come dicono gli inglesi, raccolte alla metà del 1945, si sono presto modificate. Da principio, i deportati hanno raccontato le cose viste; un po' più tardi hanno subito l'influenza della letteratura della deportazione, ed hanno parlato secondo i libri letti o secondo i racconti dei camerati che a poco a poco si sostituivano alle loro impressioni personali. Infine, all'ultimo stadio, hanno adottato più o meno incoscientemente una versione utilitaristica della prigionia, si sono fatti un'anima da professionisti dell'internamento politico, e hanno sostituito nei loro racconti le cose viste in realtà con quelle utili a dirsi. Un piccolo numero, invece, ha subito una evoluzione contraria. Disgustati dalle esagerazioni della letteratura specializzata, istintivamente hanno preso il contro-passo e, a quattro anni di' distanza, sono portati a minimizzare ciò che pure è scritto nella loro memoria, per scrupolo di precisione o per una specie di pudore a ricordare un destino eccezionale, o per non essere confusi con gli altri. Ne consegue una grande diversità nelle confidenze, e spesso delle contraddizioni: poiché a tutto il resto bisogna aggiungere l'alterazione naturale che i ricordi subiscono, secondo la famiglia, il lavoro, le relazioni conservate o interrotte con gli antichi camerati; secondo la colorazione passionale che l'appartenere all'uno o all'altro partito politico dà loro. Nella misura in cui le impressioni del deportato hanno potuto essere captate e, per così dire, fotografate subito dopo il suo ritorno (e per quanto possibile prima di ogni contaminazione della verace testimonianza) si ha una sensazione assai diversa da quella voluta dare a Norimberga.

Aggiungiamo infine che sono state raccolte più o meno spontaneamente, alcune testimonianze posteriori al processo. In particolare si è saputo che certi detenuti hanno accettato nei campi il ruolo di ausiliari benevoli, è stato rivelato che alcuni di essi non erano estranei alla designazione delle vittime: posti privilegiati, funzioni particolari erano attribuiti in condizioni sospette: alcuni testimoni stessi del processo avevano dovuto già riconoscere, durante un controinterrogatorio, una partecipazione indiretta alle sevizie riferite nell'atto di accusa ed è poi risultato che tale partecipazione era spesso più larga, più completa di quanto si creda. La vera storia dei campi non è ancora stata fatta. Sappiamo ormai che la semplice domanda: "Come ve la siete cavata?" era una domanda grave a cui molti dei sopravvissuti sono imbarazzati a rispondere. Che pensare infine di certe opere sui campi, pubblicate di recente? A mano a mano che il blocco dei resistenti si disgrega, i loro portavoce si allontanano dalla verità ufficiale e si esprimono con maggiore libertà sui loro antichi soci. La solidarietà dei deportati, è chiaro, era soltanto un tema di propaganda. Adesso essi stessi insinuano che le cose non furono così semplici come è stato fatto credere: ciascun partito fa gravi riserve sul comportamento degli avversari, e alla fine si constata che tutti quei documenti sulle atrocità tedesche debbono essere utilizzati con le più grandi precauzioni, giacché ciascuno difende la propria causa. Poi, ogni tanto, nel silenzio generale, esplode una di quelle testimonianze terribili, ritardate, soffocate, ma che venute alla luce fanno seriamente riflettere. Cosa c'è di vero in quei *Jours Francs* di Bradley, ove i deportati liberati di un campo della Renania si abbandonano per un certo tempo a una vera orgia di supplizi, di massacri, di sanguinose sozzure, a uno spasimo di sadismo folle, al punto che quella fantastica licenza, quella demenza da sventratori, fa pendere all'improvviso e inesorabilmente, malgrado tutto, la bilancia delle atrocità dall'altra parte? Se tutto ciò è vero, se bisogna tenere conto della storia che si costruisce ogni giorno, chi può dire che il processo è definitivamente chiuso, chi può dire di sapere la verità sui campi della Germania?

SECONDA PARTE

Sino a che non saranno pubblicati gli atti di altri processi (penso qui ai processi dei membri del SD o a quelli dei comandanti dei campi), sino a che la difesa non verrà completata con tutti i documenti, chi potrà vantarsi di poter esprimere un giudizio completo e imparziale sui campi di concentramento? Se si ricorre a testimonianze diverse da quelle prodotte dalla nostra propaganda, si comprende subito la gravità di alcune lacune. Risulta chiaro che nella versione dei fatti a noi presentata, intervengono elementi accidentali che abbiamo avuto il torto di non mettere in luce. Il più importante di tutti è la ripercussione sulla vita dei campi del disordine pazzesco che la disfatta portò in tutti i servizi. Le norme stabilite per i campi nel 1942 e nel 1943 furono sconvolte, i campi furono d'improvviso sovrappopolati, inondati da detenuti razziati nelle prigioni evacuate, privati di viveri e di medicamenti, abbandonati al caso, al disordine, alla fame che divenne terribile, giacché il vettovagliamento cessò nel momento stesso della maggiore affluenza dei prigionieri. Allora apparvero le epidemie, le morti in massa, la lotta feroce per quel po' di nutrimento che arrivava al campo: i controlli disparvero o si indebolirono, e il furore della disfatta, la collera dei bombardamenti hanno certo provocato azioni criminali le quali rendevano ancor più gravi le condizioni spaventose di vita create dal disordine. I membri della commissione d'inchiesta americana trovarono i campi in questo stato: credettero che tali condizioni eccezionali rappresentassero la norma, e non vollero sapere altro.

Tuttavia, una norma era esistita, i campi erano stati ben altra cosa. Sino all'epoca dello sbarco, i campi erano sorvegliati e ispezionati: almeno così ci viene assicurato. Non dovevano essere sovrappopolati, i detenuti nelle baracche dovevano avere quattro metri cubi d'aria per ciascuno. I malati erano curati all'infermeria dove potevano essere ricoverate, nel luogo di cui parlo, da cinquanta a sessanta persone: le medicine furono sempre fornite al campo in quantità sufficiente sino a che i bombardamenti distrussero la città più vicina: i malati gravi venivano trasportati all'ospedale di quella città. I detenuti avevano il diritto di ricevere pacchi: naturalmente di tale facoltà usufruivano raramente i detenuti stranieri le cui famiglie ne ignoravano l'indirizzo, ma se la loro prigionia era stata notificata, potevano ricevere pacchi al pari dei detenuti tedeschi. I tubercolotici erano tenuti da parte: non si potevano praticare iniezioni letali ai malati incurabili senza l'autorizzazione del servizio centrale del *Gau* e, nel campo di cui parliamo, tale autorizzazione fu data una sola volta. All'appello del mattino, i detenuti avevano il diritto di *marcare visita*. Era vietato picchiare i deportati, e parecchie SS furono degradate per aver dato calci. Il comandante del campo era tenuto a fare un rapporto mensile che veniva trasmesso a Berlino e sottoposto a un rigoroso controllo. Giuridicamente il campo era equiparato ad una prigione: i deportati erano cioè considerati come detenuti in attesa di giudizio il cui processo veniva istruito davanti ai tribunali militari della regione nella quale erano stati arrestati. Quando la sentenza era stata emessa in loro assenza, se si trattava di prigione, veniva loro regolarmente notificata. Scontata la pena, questi detenuti erano rimessi in libertà; e pare vi siano stati effettivamente casi di deportati liberati e rimandati a casa loro, dopo aver firmato l'impegno di non fare rivelazioni di sorta sul campo. Per contro, quando il tribunale militare pronunciava una condanna a morte, essa non veniva notificata. La condanna era registrata regolarmente negli archivi del campo del *Gau SS*, e il condannato veniva giustiziato con una iniezione al fenolo sotto forma di vaccino. Durante il 1944, vi fu una media di 600 esecuzioni al mese per ogni 15.000 detenuti: a quell'epoca, il numero delle morti per malattia, epidemia, sfinimento si elevò a 200 al mese. Divennero molto più numerose a partire dal principio del 1945, per le ragioni già dette che cagionarono un mutamento totale di condizioni di vita nel campo, in seguito a cui esplose un'epidemia di tifo. Tale monografia riguarda il campo di Belsen, vicino a Brema, campo di seconda categoria, come Dachau e Sachsenhausen. É poco probabile che se ne trovi cenno nel rendiconto del processo di Belsen, ove la difesa non poté far ascoltare i testimoni, i quali erano o accusati a cui veniva rifiutata ogni attendibilità, o clandestini che non volevano mettersi in vista. Non se ne troverà nemmeno traccia nel film dedicato a Belsen dagli americani, girato alla fine del 1945, con SS sufficientemente sparute per sembrare, agli occhi del pubblico, eccellenti deportati.

Si rimprovererà a questa rettifica di parlare di un caso isolato? Tale obiezione è valida: io dico soltanto ciò che ho saputo. Ma vi sono presunzioni per altri casi, vi sono documenti che non avremmo dovuto ignorare e che costituiscono presunzioni.

Il bollettino al ciclostile stampato clandestinamente durante l'occupazione dai nazionalisti ebrei è il solo organo clandestino della "resistenza" che dia particolari precisi sui campi di deportazione. Quelle informazioni erano destinate alle famiglie. Non è rivelato, certo, il mezzo usato per procurarsene, ma sembra che siano meritevoli di qualche credito in ragione stessa del loro scopo. Ecco dunque quel che si legge su *Shem*, 8 luglio 1944, a pagina 78 e seguenti: "*Informazioni sui campi di deportazione*". Riproduciamo qui sotto alcune informazioni giunte nel marzo scorso sui campi della Slesia e della Polonia verso i quali è stata avviata la maggior parte degli ebrei arrestati in Francia dalle autorità francesi e germaniche... *Myslowitz, Puits Hans*... Le condizioni di vita in questo campo sono catastrofiche. La mortalità è spaventosa... *Kattovicz-ville n 2*... Il nutrimento è passabile e corrisponde a quello usuale tra i lavoratori della regione. Qualche artigiano continua ad esercitare il proprio mestiere. Alcuni di essi sono autorizzati a scrivere e ricevere lettere. Le donne si occupano dei lavori domestici del campo e nelle cucine a preparare il vitto. In generale, le condizioni di vita nel campo sono sopportabili... *Campo di Brieg, vicino a Breslau...* il vitto è abbondante, ma sprovvisto di grassi. Il trattamento da parte dei sorveglianti non è cattivo... *Beutihen-Gileiwicz...* Le donne eseguono lavori ausiliari leggeri, preparano i pasti su cucine volanti... *Regione Myslowicz-Chrzanow-Trzebinia...* Ogni sorta di artigiani vi lavorano. La sorveglianza è severissima ed è composta da formazioni regolari dell'esercito. Nondimeno le relazioni tra i sorveglianti e gli internati in generale sono buone... *Regione Kattowicz-Birkenau-Wadowitcz...* La vita in questi campi è sopportabile, data la prossimità di campi di lavoratori non ebrei; in certi luoghi si lavora in comune. Tale lavoro consiste nella costruzione di strade, ponti e case di civile abitazione nelle città. Di preferenza sono tenuti qui gli artigiani. Il livello morale tra i deportati è generalmente buono ed essi confidano nell'avvenire… *Neisse...* Il lavoro è duro e penoso, il vitto insufficiente, gli alloggi degli internati indegni di esseri umani… Molti casi di suicidio... *Campo d'Oberlangenbielau...* Il trattamento da parte dei sorveglianti è buono, ma la sorveglianza durante il lavoro severissima... *Waldenburg in Slesia.,*. Le condizioni di vita sono durissime... *Theresienstadt...* Una volta piccolo villaggio slovacco di 7-8 mila abitanti, questo agglomerato ne conta adesso quasi 80.000. Tale aumento è dovuto alla deportazione di 30-40 mila ebrei i quali hanno ripopolato e ricostruito per intero questa borgata. Evidentemente, come contropartita, bisogna pur ricordare qui le testimonianze presentate dalla delegazione Sovietica, e in particolare quella che descrive il campo di sterminio a Treblinka, dove gli ebrei venivano giustiziati in massa appena arrivati, in una stazione posticcia che dissimulava l'attrezzatura di esecuzione. Si nota così la differenza di trattamento tra ebrei occidentali e ebrei dell'Europa centrale.

La cronaca di *Shem* continua così: "É stato possibile raccogliere informazioni concernenti i bambini piccoli, da 2 a 5 anni, e soprattutto le bambine. Più di 2.000 di questi bambini sono stati affidati ai coltivatori, per la maggior parte famiglie contadine della Prussia orientale. Alcuni indirizzi esatti e completi saranno ulteriormente comunicati. Corre voce persistente (non ancora controllata) che a Lauenburg, in Pomerania, e nelle provincie limitrofe (Grenzmark), bambini ebrei di 5 o 6 anni sarebbero tra i giovani hitleriani. Un gran numero di lattanti e di bambini sotto i due anni, figli di ebrei, sono ripartiti nella stessa Berlino e nella regione circostante in diversi nidi ed asili. Vi sono portati dalla *DRK* (Croce rossa germanica) e dalla *NSVW* (Organizzazione sociale germanica) insieme ai bambini di genitori sinistrati o uccisi durante i bombardamenti aerei, e sono generalmente ammessi negli orfanotrofi con la stessa qualifica. La liberazione di un deportato, accordata ufficialmente dalle autorità centrali, è in genere sabotata dai subalterni locali.

Io non intendo qui pronunciare nessun giudizio completo sulle condizioni imposte ai deportati: non posso pronunciarmi nemmeno sull'autenticità di queste testimonianze, fatta eccezione per la loro autenticità materiale; come tutte le testimonianze, esse debbono essere integrate. Rimpiango soltanto, giacché è possibile a un privato procurarsi tali informazioni, che nessuna deposizione simile figuri nel *dossier* della delegazione francese o che, almeno, fatti facilmente controllabili non siano nemmeno accennati. Ciò è tanto più da rimpiangere in quanto il processo si è svolto in presenza di un pubblico tedesco, davanti ai membri del foro tedesco, e che in Germania un principio di diritto rispettato dallo stesso nazionalsocialismo fa obbligo al pubblico ministero di rendere note spontaneamente le prove a discarico di cui ha potuto avere conoscenza. Vediamo oggi, con qualche stupore, il governo militare americano accordare ad Ilse Koch una riduzione di pena considerata scandalosa dai nostri giornali. Ciò forse avviene perché oggi il governo americano, informato meglio sui campi di concentramento, e d'altra parte un po' meno sicuro dell'utilità di far passare i tedeschi per mostri, comincia a vedere le esagerazioni della sua stessa propaganda.

Non faremo bene a prendere in considerazione una rettifica

del nostro atteggiamento ufficiale, che la prossimità della guerra e delle sofferenze della guerra ha reso troppo sistematico? Tutti sappiamo che molti deportati sono morti senza essere stati sterminati e semplicemente a causa del disordine, del sovraffollamento e delle condizioni sanitarie spaventevoli degli ultimi mesi. Dirlo lealmente, non significa offendere la loro memoria. I francesi, i quali si sono documentati sugli ultimi istanti dei loro cari morti in prigionia, se leggeranno queste pagine, penseranno certamente che non c'è niente di incredibile nel rapporto fatto su Belsen. Perché vivere allora su una leggenda sistematica di orrori? Beninteso, vi erano altri campi: c'era Majdanek, c'era Auschwitz, c'era Treblinka. Ma quanti francesi sono stati ad Auschwitz, a Treblinka? Ne parleremo fra poco. Vi furono anche, non lo dimentico, le condizioni paurose del trasporto dei deportati. Non furono però applicate a tutti. Certi convogli furono drammatici, ma molti altri non lo furono. Vi furono gli esperimenti medici: questo è uno dei punti sul quale sarebbe importante sentite le delucidazioni tedesche. É esatto, come è stato detto al processo, che quegli esperimenti non furono mai ordinati dalla *Luftwaffe*, perché erano già stati eseguiti su soldati tedeschi volontari? É esatto, come alcune persone hanno sostenuto, che il contratto proposto ai deportati che accettavano di subire quegli esperimenti sia stato effettivamente rispettato e che i deportati sopravvissuti siano stati rimessi in libertà? Se così fosse, bisognerebbe mostrarli: in un processo simile, sono queste le prove che contano. Infine, qual'è la percentuale di deportati francesi oggetto di quegli esperimenti medici? La cifra non è stata mai rivelata, forse è difficile dirla, ma un'indicazione anche approssimativa sarebbe utile. Messe a punto simili, fatte senza spirito di parte, senza intenzione di propaganda, non sarebbero utili a tutti, e, in particolare al nostro paese? Non faremmo miglior figura in tutta questa faccenda, se la nostra requisitoria avesse fatto conoscere con lealtà e con moderazione sofferenze che nessuno contesta e che tutti sono pronti a rispettare, quando non siano accompagnate dall'odio? Non sarebbe stato meglio esporsi alla contro inchiesta di una commissione internazionale incaricata di colmare, come in Belgio dopo l'altra guerra, le lacune della nostra requisitoria?

Occorre ripeterlo, non è ancora venuto il tempo di fare la storia di questi avvenimenti e io non considero questo libro nemmeno come un umile contributo a quel lavoro futuro. Non porto documenti: non so nulla più degli altri. Ho scritto soltanto le riflessioni ispiratemi dalla lettura del *Processo di Norimberga*, un po' come quei sempliciotti d'un tempo, i quali pensavano ingenuamente che la loro opinione sulla Carta o sul diritto di primogenitura potesse interessare il pubblico. Avevo bisogno di scrivere queste cose: è la mia unica scusa per tanta indiscrezione. Ma infine l'esame della terza e quarta parte dell'atto d'accusa è un lavoro che in altri tempi ho imparato a fare: è insomma la critica delle testimonianze, e io l'ho condotta proprio con un criterio di storico, con i metodi critici già da me altre volte adoperati, e che sono il fondamento del lavoro di erudizione a cui ho modestamente collaborato. Che questa critica possa essere così copiosa, è un fatto grave. È grave che la delegazione francese abbia mescolato tutto, che abbia compromesso quel che poteva essere provato con certezza da asserzioni di partigiani, con deposizioni piene di odio, con temerarie generalizzazioni. È grave che abbia rifiutato di tenere conto delle circostanze, del clima storico, e abbia isolato alcuni fatti senza dire ciò che era avvenuto prima e ciò che stava avvenendo nell'istante medesimo. È grave che abbia dato la parola a testimoni ai quali è lecito chiedere se è loro interesse stabilire la verità o non piuttosto fare della propaganda. È grave l'accettazione, da parte sua, di procedimenti da comizio e l'impiego di un metodo incapace in sé di provare la premeditazione di sterminio sulla quale è basata tutta la requisitoria. È grave il reclamare vite umane appoggiandosi a fatti singoli i quali impegnano soltanto la responsabilità di comandanti locali e che sono evidentemente incontrollabili su un fronte così largamente esteso. Non è certo da stupirne, ma è poco onorevole per il nostro paese che nella requisitoria sia possibile leggere frasi simili per riassumere l'atteggiamento della

Germania verso i nostri prigionieri: "La Germania ha moltiplicato i trattamenti inumani: il suo scopo era quello di avvilire gli uomini in suo potere, i quali erano soldati e si erano arresi affidandosi all'onore militare dell'esercito a cui si arrendevano". O che si giunga a presentare come delitti di diritto comune ordini dati contro i sabotatori, a proposito dei quali si fa tale precisazione: "Questo paragrafo si applica ai raggruppamenti dell'armata britannica senza uniforme o con uniforme tedesca". È poco onorevole che la nostra accusa abbia dato l'impressione di essere costantemente in mala fede, e non è strano che alla fine il presidente abbia rifiutato di ascoltarla più a lungo; e che un magistrato francese, incaricato di parlare in nome del paese, si sia visto interrotto come un chiacchierone abusivo in uno dei più grandi processi della storia, e non abbia trovato altro da replicare se non che "non si aspettava una decisione simile".

Lo ripeto, niente di tutto questo permette di concludere che i tedeschi non abbiano commesso azioni contrarie alle leggi di guerra. Ma permette almeno di dire che un'inchiesta condotta in modo tale deve essere rifatta daccapo e su ogni suo punto. Aspettando il risultato di questa inchiesta che deve essere pubblica, completa e aperta al contraddittorio, è impossibile prendere per buone le cose dette dalla delegazione francese, e noi abbiamo il dovere di far sapere pubblicamente che un certo numero di uomini nel nostro paese non accettano l'inchiesta attuale e reclamano il diritto di sospendere il loro giudizio.

Nella misura in cui l'esercito germanico ha commesso atti contrari alle leggi di guerra, noi condanniamo quegli atti e gli uomini responsabili di essi, alla condizione però che si producano le circostanze da cui furono accompagnati, che i responsabili siano individuati senza spirito di parte, e che tali atti infine siano condannati da tutti i belligeranti, quali che essi stano. Facciamo nostre qui le due seguenti osservazioni della difesa. L'una è la dichiarazione del dottor Babel, formulata in termini i quali, secondo noi, possono essere accettati in Europa da ogni uomo di buona fede. "Questa guerra mi ha portato tali sofferenze e sventure che non ho alcuna ragione per proteggere o sostenere chiunque sia stato colpevole o complice della mia sventura personale o di quella riversatasi su tutto il mio popolo. Non cercherò nemmeno che una tale persona sfugga ad una giusta punizione. Semplicemente, io voglio aiutare il tribunale nella sua ricerca della verità..." L'altra osservazione è del pari commovente. È stata fatta dal medesimo avvocato ed è impossibile, pensiamo, ad un animo giusto non associarvisi: "In molti casi, azioni messe a carico di truppe germaniche furono provocate dal comportamento della popolazione civile, e le azioni contrarie al diritto delle genti, se dirette contro i tedeschi, non sono giudicate nella medesima maniera degli errori commessi dall'esercito germanico".

In particolare, non è giusto pretendere di esporre il modo di condursi dell'esercito tedesco in occidente senza descrivere le condizioni di occupazione imposte dalla politica degli alleati. La formazione e lo sviluppo dei gruppi della "resistenza", gli attentati ordinati da organizzazioni irresponsabili, la propaganda ebraica e l'azione comunista, la nascita infine delle bande di franchi tiratori, hanno profondamente modificato, anno per anno, il carattere delle misure difensive opposte dall'esercito tedesco alle iniziative suesposte. Da parte loro, i tedeschi hanno singolarmente aggravato la situazione con rappresaglie maldestre o con la stupida coscrizione dei lavoratori. Ma, qualunque sia la parte di responsabilità germanica, non si può dimenticare che gli avversari si sono posti per primi in una situazione tale da non poter invocare più il diritto delle genti. La dottrina dello stato maggiore tedesco in questa materia non dice niente di nuovo: essa è stata fissata nel 1870 e non è più mutata: è intransigente, ma sana. Essa dà il titolo di combattente soltanto alle truppe in uniforme: lo rifiuta a chiunque non voglia farsi riconoscere come combattente dall'uniforme che indossa. Tale dottrina è inattaccabile. Le leggi di guerra tendono a creare un "campo chiuso" intorno ai combattenti. Proteggono gli spettatori forzati e coloro i quali raccolgono i feriti. Ma a partire dal momento in cui uno di quegli spettatori raccoglie un fucile e slealmente tira dalla finestra su coloro che stanno lealmente combattendo sul terreno, egli si mette fuori delle leggi di guerra e per conseguenza fuori della protezione accordata dalle leggi di guerra ai combattenti e ai non combattenti. I franchi tiratori e i loro ausiliari, quali che siano il coraggio e la correttezza militare con cui si battono, sono dunque e possono soltanto essere, dal punto di vista internazionale, avversari sleali, bari nascosti ai margini della battaglia. Essi non possono chiedere per sé la protezione delle leggi che vigono sul campo dì battaglia, e sono intieramente, totalmente alla mercé del vincitore se si lasciano catturare. Ogni franco tiratore, ogni ausiliario o complice di franco tiratore si trova dunque messo fuori del diritto delle genti: secondo una rigorosa applicazione della legge internazionale, ogni franco tiratore, ausiliario, o complice di franco tiratore quando viene preso è condannato alla fucilazione immediata. Tale regola è dura: ma l'esperienza recente prova che osservarla con rigore è la sola garanzia delle popolazioni civili. Gli uomini i quali assunsero la responsabilità di inquinare la guerra ricorrendo a metodi simili hanno assunto una terribile responsabilità non soltanto verso coloro che esponevano così alla morte, ma anche verso le popolazioni civili a cui venivano a togliere, in questo modo, ogni protezione. Non si può dire che quegli uomini non sapessero quel che facevano. La dottrina dello stato maggiore tedesco è stata ricordata costantemente durante la guerra. L'affermazione che un certo numero di civili, muniti o no di bracciale, debbano considerarsi militari, è inammissibile. Tali convenzioni infatti valgono soltanto quando vengano accettate da tutte e due le parti. Quando i tedeschi costituiscono un *Werwolf* per tirare, nascosti nei boschi, sulle nostre truppe di occupazione, noi spieghiamo loro chiaramente che i membri del loro *Werwolf*, se saranno presi, verranno fucilati. I franchi tiratori sono franchi tiratori: il fatto di aver in tasca la tessera di un partito progressista non cambia nulla alla loro qualifica.

Questa constatazione non cancella certo le rappresaglie selvagge esercitate da alcune unità germaniche; ne cambia però il carattere. Il comando alleato ha preteso, in prossimità dello sbarco, di porre tutti i paesi dell'ovest d'Europa in stato di rivolta permanente. È stato affermato che le truppe tedesche avanzavano in mezzo a tranelli continui. Sotto i piedi non trovavano che trabocchetti e mine. Ogni boschetto proteggeva tiratori, ogni pietra era una minaccia, ogni svolta una sorpresa. Ogni comune si vanta oggi di aver rifornito di viveri i partigiani, di averli nascosti, di averli soccorsi. Siamo davvero imprudenti, giacché dichiarazioni simili, se prese sul serio, sminuiscono in modo singolare la responsabilità dei comandanti germanici. Noi possiamo accusarli di aver esteso illegalmente la qualifica di "complice di franco tiratore", di averlo fatto con atti di violenza, arbitrariamente e senza prove. Ma è tutt'altra cosa dell'accusa mossa dal nostro pubblico ministero. Nelle necessità brutali della ritirata non c'e affatto "volontà di sterminio": non c'è altro "ordine superiore" se non il persistere di una dottrina giuridica inattaccabile. Esistono responsabilità, ma esse rientrano nell'orbita dei comandi locali. Inoltre, niente mi impedirà di scrivere che, in questi casi, sono largamente condivise dai provocatori. Non si tratta soltanto di una banda di bruti che, perduto ogni controllo, ha incendiato la chiesa di Oradour; c'è l'uomo di radio Londra, lo stesso che oggi parla sulle tombe.

Vi sono crimini di guerra certi, incontestabili, e che possono essere isolati dalle circostanze o che le circostanze non giustificano in alcun modo. Essi sono infinitamente meno numerosi di quanto abbia affermato la delegazione francese. Quando a Baignes, al momento dell'offensiva Rundstedt, il comandante di un gruppo di carri armati, in un campo, fa circondare centoventinove americani stretti insieme, con le braccia levate, e li fa mitragliare, si tratta di un tipico crimine di guerra, se gli avvenimenti si sono svolti come ci vengono descritti. Quando, in seguito a un'evasione collettiva, cinquanta ufficiali aviatori inglesi prigionieri nel campo di Sagan vengono fucilati senza essere giudicati e su semplice designazione, è egualmente un crimine di guerra incontestabile, evidente; una violazione perfettamente chiara delle convenzioni internazionali (altra cosa è sapere se vi è, in questa faccenda, responsabilità di Göring). La stessa cosa può dirsi per le rappresaglie collettive e gli incendi dei villaggi, ma a condizione di ammettere esplicitamente che tale condanna va portata su ogni rappresaglia collettiva, su ogni incendio di villaggio, e che gli ufficiali tedeschi perseguiti a questo titolo saranno puniti nella stessa maniera degli ufficiali francesi responsabili di azioni analoghe in Indocina, prima e dopo la guerra attuale: perché bisognerebbe chiamare "crimine" l'incendio di padiglioni in muratura e "sciocchezze" l'incendio di villaggi di bambù? Comunque, risulta dalla requisitoria stessa che tali incontestabili crimini di guerra sono pochi, e quando ci fermiamo a studiarne qualcuno, ci accorgiamo che essi non implicano minimamente la responsabilità del comando supremo germanico, come ci è stato fatto credere; ma soltanto quella di capi di unità, i quali non hanno saputo conservare sangue freddo e disciplina. Inoltre, quasi sempre è in giuoco la responsabilità degli elementi locali della "resistenza" in quanto provocatori. Aggiungiamo che determinati atti, almeno, sono stati oggetto d'inchiesta e di sanzioni da parte dello stesso comando germanico. Non è onesto, in ogni caso, presentarli per far numero, confusi con atti ben più difficili da giudicare: assassinii di partigiani senza regolare giudizio, accompagnati perfino da brutalità, esecuzioni di sabotatori la cui legittimità è più o meno discutibile, linciaggi di aviatori sufficientemente spiegati dalla collera delle popolazioni.

Del resto, qui è impossibile non uscire dal quadro del processo. Se i tedeschi hanno commesso crimini, chi ha protetto e provocato le atrocità della liberazione non è certo qualificato per erigersi a giudice. Poiché se è triste leggere la lista degli atti dichiarati "criminali" e messi sotto accusa dalla delegazione francese, non è meno triste dover riconoscere che a ciascuno degli assassinii e degli stupri, a ciascuna delle torture rimproverate all'esercito tedesco in fuga, possono contrapporsi assassinii stupri e torture commessi dai franchi tiratori al momento della loro cosiddetta vittoria. Sono stati uccisi, senza essere sottoposti a giudizio, alcuni gruppi di partigiani, sono stati torturati prima dell'esecuzione, è vero; ma miliziani sono stati abbattuti e torturati nelle medesime condizioni, nel Vercors, nella regione di Limoges, nel Périgueux, nella regione di Toulouse. Sono stati impiccati degli innocenti, i loro cadaveri sono stati tempestati di colpi di coltello a Trébeurden in Bretagna, trentacinque ebrei sono stati fucilati senza motivo a Saint-Amand-Montrond: ma non soltanto a Trébeurden, ma in altri venti, in altri trenta villaggi di tutto il mondo, altri innocenti, perché appartenevano, prima della guerra, a partiti di destra, sono stati abbattuti nelle loro case a colpi di mitragliatrice dai "patrioti"; i loro cadaveri sono stati mutilati, gli occhi accecati, le orecchie tagliate, strappati gli organi genitali: non trentacinque, ma migliaia di uomini sono stati assassinati senza motivo dai "resistenti". "Due donne", ci si dice, "furono violate a Crest, tre a Saillans... Perraud Lucia, di ventun anni, è stata violentata da un soldato tedesco di origine russa... stupri, saccheggi nella regione di Saint-Donat... un civile è stato ucciso nella sua vigna... Giovani e ragazze che passeggiavano sono stati uccisi per strada... Alcuni ragazzi sono stati arrestati perché, alla vista dei tedeschi, erano fuggiti... nessuno di essi apparteneva alla "resistenza" ...Bézillon Andrea di diciotto anni, il cui fratello era alla macchia, paurosamente mutilato, naso e lingua tagliati...Tutte queste frasi del pubblico ministero del governo De Gaulle non vi ricordano niente? Quante donne sono state violentate nei capoluoghi della regione in preda al terrore per l'arrivo dei partigiani? Quanti giovani che passeggiavano sulla strada (perfino una ragazza nei pressi di Limoges fu uccisa il giorno delle nozze nel suo abito da sposa), quanti di cui può dirsi che non appartenevano né alla Milizia né alla L.V.F., né a nessuna altra cosa, quanti Bézillon Andrea di anni diciotto, hanno pagato per il proprio fratello, come lui assassinati, mutilati come lui? Al momento della resa dei conti, siatene certi, nella corsa delle atrocità, giungeremo secondi appena di una testa. Quando si vede il rappresentante della delegazione francese ricordare la sorte della famiglia Maujean a Tavaux, nell'Aisne (la madre uccisa davanti agli occhi di cinque figlioletti, la casa bruciata, il cadavere della donna cosparso di benzina, i bambini chiusi in cantina e liberati appena in tempo dai vicini) come non pensare all'eccidio di Voiron, dove alcuni cosiddetti patrioti credettero necessario far espiare il loro tradimento a bambini di due e quattro anni? Quando ci viene rivelata la morte del comandante Madeline, colpito con il nerbo di bue, le unghie strappate, costretto a camminare a piedi nudi su puntine da disegno, scottato colle sigarette, è impossibile non evocare immediatamente il supplizio quasi simile di quel delegato *dell'Action Française* presso Tolosa, che fu lasciato agonizzare per quattro settimane, le membra spezzate, piaghe aperte da per tutto, ove veniva messa benzina poi accesa e acidi per farlo urlare. Oppure la morte del curato di Tautavel, nella regione di Perpignan, talmente martirizzato che al mattino dell'esecuzione il suo pagliericcio era indurito dal sangue, e la sua morte fu così orrenda che per parecchi mesi risvegliò superstizioni abolite da secoli. Una banda di mongoli ha crocifisso un bambino a Presles, presso Nizza, sulla porta di un granaio: nelle vicinanze di Annemasse i "patrioti" hanno crocifisso un uomo sul terreno dopo averlo accecato. Il signor Dommergues, professore a Besançon, attesta di essere stato colpito col nerbo di bue, dalla *Gestapo*, durante il suo interrogatorio: nella stanza accanto una donna torturata urlava, un camerata era stato legato per aria con un peso a ciascun piede, un altro è stato accecato. Abbiamo vergogna a dire che cose simili a queste sono avvenute durante due mesi in gran numero nelle prigioni gaulliste del mezzogiorno della Francia e della Savoia. Lì, ogni notte, si udivano grida di prigionieri torturati, amici e donne venivano invitati ad assistere per divertimento a quei supplizi. La fucilazione degli ostaggi di Châteaubriant... chi sa che in Francia ha avuto anch'essa la sua lugubre replica? È il massacro degli ostaggi del Fort-Carré vicino ad Antibes, del tutto eguale, con la sola variante che l'assassinio degli ostaggi serviva a mascherare una vendetta personale. È troppo semplice venire oggi a spiegarci che si trattava di "crimini comunisti".

Non è vero. Erano azioni pazzesche, e i pazzi erano in tutti i campi. Ciò avveniva all'epoca del governo del generale De Gaulle, il quale disponeva di un potere quasi assoluto. Quale rappresentante della "coscienza universale" levò allora la voce, quale radio?

Ahimè! Questa comparazione edificante potrebbe continuare all'infinito. Noi condanniamo senz'altro le azioni pazzesche che bande di un'armata in rotta, senza comando, senza disciplina, hanno compiuto per qualche settimana nel nostro paese, e approviamo che ne siano ricercati i responsabili individuali; ma allo stesso titolo e davanti allo stesso tribunale bisogna procedere contro i responsabili di delitti analoghi, commessi da alcuni elementi della "resistenza". Anche noi abbiamo i nostri criminali di guerra. Che cosa risponderemo quando i *dossiers* saranno aperti tutti? Che cosa risponderemo quando ci verrà dimostrato che feriti tedeschi sono stati finiti selvaggiamente nelle strade delle nostre città, che prigionieri sono stati sistematicamente abbattuti dopo la consegna delle armi, che infelici ciclisti territoriali, i quali cercavano di raggiungere una problematica formazione, sono stati linciati senza ragione, sventrati, impiccati, decapitati? Che inoffensivi cinquantenni addetti alla guardia di una stazione o di un ponte hanno dovuto camminare per ore intere cercando di arrendersi a raggruppamenti militari dai quali erano rimandati di caserma in caserma, sino alle formazioni incaricate del massacro? Che alcuni di essi furono bruciati vivi nei loro autocarri cosparsi di benzina? Che cosa risponderemo quando si farà la vera storia di ciò che si chiama "liberazione" delle nostre città? Il pubblico ministero può ben dire a Norimberga: "A Saint-Donat, nel Vercors, cinquantaquattro donne o ragazze, dai 13 ai 50 anni, sono state violentate da soldati scatenati": ma i giudici inglesi e americani debbono pur fare riflessioni singolari pensando all'inchiesta aperta dalle loro stesse autorità d'occupazione (su richiesta dell'episcopato tedesco) sulle duecento giovinette di

Stoccarda razziate nella notte di Natale, all'uscita della messa e violentate nei commissariati e nelle caserme in cui furono condotte. È bello spiegarci che nelle prigioni tedesche i detenuti erano "colpiti selvaggiamente", "ragazzi di diciotto e diciannove anni" erano giustiziati, donne uccise; che gli ebrei erano costretti a scavare le loro fosse, che i condannati a morte portavano catene ai piedi. Ma quale ascoltatore ignora che tutto ciò può applicarsi parola per parola alle cose avvenute nelle nostre prigioni durante l'anno gollista? In nome della giustizia e dell'onestà, ripudiamo questa requisitoria contro un paese imbavagliato. Rifiutiamo agli assassini del 1944 il diritto di parlare di umanità. Teniamo a dire alla gioventù tedesca: questa mascherata ci nausea e ci umilia, e le ricusiamo ogni solidarietà. La Francia è cosa diversa. Noi accetteremo di condannare il modo di comportarsi della Germania durante la guerra, soltanto quando una commissione internazionale avrà condotta un'inchiesta in tutti i paesi (e nel nostro in particolare) sui crimini e le vessazioni commessi sotto l'usbergo della guerra. La verità e la giustizia sono indivisibili.

Quanto ai campi di concentramento, è onesto chiedere giustizia e riparazione per i francesi innocenti che furono deportati e torturati, ma non per gli altri. Ci sembra impossibile accettare, su quest'argomento, la confusione a cui abbiamo già accennato, creata deliberatamente dalla propaganda. Ci sembra impossibile in modo particolare astenerci dall'accettare la distinzione fatta dai tedeschi tra ebrei e non ebrei. Se si accetta questa discriminazione, restano soltanto ebrei, molti ebrei, e perciò molti morti. Così non si conclude nulla. "Che vi hanno fatto i tedeschi in Francia? "Hanno portato via gli ebrei ". "E a voi, in Belgio? ". "Hanno portato via gli ebrei ". " E a voi in Olanda?". "Hanno portato via gli ebrei". Hanno portato via gli ebrei. E in questa enorme confusione, si ha soltanto il diritto di affermare che in Olanda, in Belgio, in Francia, i tedeschi hanno seguito una politica di sterminio degli ebrei: allora questa accusa non va più mossa dal popolo francese o belga od olandese contro la Germania; essa deve esser mossa dal popolo ebraico, sostenuta da delegati ebraici o dai delegati che parlino in nome del popolo ebraico, e non da una qualsiasi delegazione nazionale. Le diverse delegazioni nazionali invece, e in particolare la delegazione francese, hanno mantenuto questa confusione con la massima cura.

A Norimberga non è stato detto qual è la percentuale dei deportati ebrei sul totale dei deportati appartenenti ad ogni nazione. Un solo paese ha comunicato tale cifra. É l'Olanda, la quale segnala che su 126.000 deportati, 110.000 erano di religione israelita; abbiamo dunque una proporzione dell'87 %. Il rappresentante francese a Norimberga non ha creduto opportuno comunicare una statistica analoga per la Francia: tuttavia, rispondendo ad un quesito posto recentemente da Paul Thetten sul numero delle vittime della guerra, il ministro degli ex combattenti ha pur dovuto fare una cifra. *Sull'Officiel* del 26 maggio 1948 si legge che è riconosciuta l'esistenza di 100.000 deportati politici e di 120.000 deportati razziali, il che dà una proporzione del 54%. Questa proporzione, assai diversa da quella pubblicata dal governo olandese, può essere accettata? Essa, in ogni caso, non coincide con i documenti prodotti a Norimberga. Infatti, nel resoconto stenografico del processo si può leggere che una conferenza tenuta a Berlino, l'11 giugno 1942, prevedeva nello stesso anno un trasferimento di 100.000 ebrei residenti in Francia, che le disposizioni prese per attuare tale trasferimento si conclusero parzialmente, e che il 6 marzo 1943 il numero degli ebrei deportati sommava a 49.000. D'altra parte, una lista delle "deportazioni di persone per ragioni politiche o razziali", prodotta dal pubblico ministero francese, menziona per i convogli la seguente statistica: tre nel 1940, quattordici nel 1941, centosette nel 1942, duecentocinquantasette nel 1943, trecentoventisei nel 1944. Ammesso che questa statistica sia esatta e si riferisca ai convogli di deportati politici, bisognerebbe concludere che nel marzo 1943 ancora non era stato raggiunto un quarto dell'effettivo totale dei deportati. Infatti, tutti sappiamo che il ritmo delle deportazioni divenne molto più rapido nel 1943 e nel 1944. In tali condizioni, è poco verosimile che soltanto 120.000 ebrei siano stati mandati nei campi. Se il ministero degli ex combattenti non avesse fatto la dichiarazione su riferita, avremmo il diritto di concludere dai documenti di Norimberga che la cifra dei deportati ebrei fu all'incirca 200.000 su un totale di 220.000, e si raggiungerebbe in tal caso una proporzione analoga a quella pubblicata dal governo olandese. C'è dunque una contraddizione sulla quale è difficile esprimere un giudizio. Da parte mia, tenderei a contestare la cifra fornita dal ministero degli ex combattenti, perché quest'organo ufficiale dice ciò che vuole, senza autorizzare alcuno a consultare i suoi archivi. Nell'attesa che sia portata a conoscenza la cifra che deve pure esistere negli archivi del servizio germanico, pensiamo sia indispensabile tenere conto dei dati acquisiti del marzo 1943, e dell'intensificarsi delle deportazioni dopo questa data.

Quando si riflette su tali cifre, risulta chiaro che il processo concernente i campi d'internamento deve essere visto sotto una luce diversa da quella sinora usata: nel pensiero germanico non esisteva affatto una volontà di sterminio dei francesi (e per questo non se ne trovano prove); esisteva invece una volontà di sterminio degli ebrei (e ce ne sono numerose prove): non vi furono deportazioni di francesi, ma deportazioni di ebrei, e se alcuni francesi furono deportati insieme agli ebrei, è perché essi avevano accettato o sembrava avessero accettato la difesa della causa israelita.

Il problema è di sapere se possiamo ammettere in questa discussione il "distinguo" germanico: ecco ciò che un francese deve domandarsi. Gli ebrei sono originariamente stranieri, ammessi da principio con una certa prudenza nel nostro paese, poi in numero sempre maggiore, a mano a mano che alcuni tra loro divenivano influenti. Malgrado l'ospitalità loro accordata, gli ebrei non si astennero dal prendere parte alle discussioni politiche del nostro paese, e quando si è trattato di decidere se sarebbe stato bene trasformare l'invasione della Cecoslovacchia o la guerra di Polonia in una guerra europea, essi non hanno esitato (e nel momento attuale lo affermano!) a combattere ogni spirito di conciliazione, a trascinare cioè il paese in una guerra disastrosa ma desiderabile, perché diretta contro i nemici della razza ebraica. Noi non siamo più oggi una grande nazione, forse non siamo più realmente una nazione indipendente, perché la loro ricchezza ed influenza hanno fatto prevalere il punto di vista ebraico su quello del popolo francese, attaccato alla sua terra e desideroso di conservare la pace. Noi li abbiamo visti in seguito opporsi a tutte le misure ragionevoli che potevano preservare vite e beni, a noi e a loro nel medesimo tempo. E più tardi ancora, li abbiamo visti capeggiare la persecuzione e la calunnia contro i nostri camerati, i quali avevano cercato di proteggere dai rigori dell'occupazione il paese dove da così lungo tempo viviamo, dove vivevano i nostri genitori e che gli uomini della nostra razza avevano fatto grande. Essi dicono oggi di essere i veri sposi di questa terra sconosciuta ai loro padri, e di conoscere meglio di noi la saggezza e la missione di questo paese di cui alcuni sanno appena parlare la lingua: hanno deciso tutto, hanno preteso il sangue dei migliori e dei più puri tra noi, si sono rallegrati e si rallegrano dei nostri morti. Questa guerra voluta da loro, abbiamo il diritto di considerarla la loro guerra e non la nostra. L'hanno pagata al prezzo di tutte le guerre. Abbiamo il diritto di non mescolare i loro morti ai nostri.

Malgrado il silenzio imposto ai nostri intellettuali, lo sforzo per porre la questione ebraica in termini concreti non può essere eluso. Può benissimo non accompagnarsi all'antisemitismo e da parte mia io non sono antisemita: desidero anzi che il popolo ebraico trovi in qualche luogo una patria che lo riunisca. Mi sembra nondimeno evidente che se io fossi rifugiato in Argentina, non mi occuperei degli affari interni dell'Argentina, anche avendone ottenuto la nazionalità. Non esigerei dagli argentini di erigersi a vendicatori dei francesi perseguitati, non chiederei soprattutto che gli argentini mostratisi indifferenti al destino dei rifugiati francesi fossero condannati a morte. Perché affermare un dovere di vendetta e di recriminazioni in nome di un compatriottismo legale, ma non accettato dal cuore? Le fraternità non si fabbricano, Un ebreo è per me un uomo come gli altri, ma non è che un uomo come gli altri; trovo triste che sia massacrato e perseguitato, ma il mio sentimento non cambia improvvisamente, il mio sangue non si raggela d'un tratto se so che abita a Bordeaux. Non mi sento tenuto a prendere "in modo particolare " la difesa degli ebrei, più che degli slavi o dei giapponesi ed anche dei malgasci, degli indocinesi o dei tedeschi sudetici. É tutto. Non sento un affetto speciale per gli ebrei che abitano in Francia e non vedo perché dovrei sentirlo. Inoltre, l'atteggiamento preso dalla maggior parte degli ebrei riguardo all'epurazione ha messo in luce alcune divergenze di sensibilità non annullabili con un atto di naturalizzazione. Molti francesi nel 1944 erano pronti, senza spirito di parte, a risentirsi vivamente per il trattamento inumano inflitto agli ebrei: ma oggi altre sofferenze, altre ingiustizie molto più forti hanno suscitato la nostra indignazione ed anche la nostra pietà. Gli ebrei stessi hanno organizzato un "cambio della guardia" delle vittime dell'ingiustizia. Non ci accusino di non aver cuore: noi pensiamo prima ai nostri e sono stati loro a volerlo. L'epurazione ha lasciato nel nostro paese cicatrici sanguinose che non saranno mai dimenticate. Se dovessi rifarlo, rifarei ancora ciò che feci durante l'occupazione per i "resistenti", e perfino per gli ebrei, ma lo farei oggi come don Giovanni dona al povero: "per amor di Dio" e con immenso disprezzo. Poiché soltanto per amor di Dio e perché essi sono stati come noi salvati da Cristo, noi possiamo oggi partecipare alle sofferenze degli ebrei. La reazione da loro sentita davanti alla lealtà, all'onore e alla difesa della patria è stata diversa dalla nostra: quella solidarietà che avevamo il diritto di aspettarci, anche in tempi di una guerra ideologica, da chi ha condiviso la nostra nazionalità, noi non l'abbiamo avuta. Possiamo perciò oggi avere soltanto l'impressione di una separazione, di un'incapacità a pensare all'unisono, di un fallimento dell'assimilazione.

Diventa allora inevitabile che lo sterminio degli ebrei ci appaia come uno dei procedimenti nuovi di questa guerra, e dovremo giudicarlo alla stregua degli altri: lo sterminio degli slavi, i bombardamenti delle grandi città tedesche. É inutile naturalmente precisare che noi condanniamo, come tutti, la distruzione sistematica degli ebrei. Ma non è inutile ricordare che gli stessi tedeschi (come può constatarsi dai documenti pervenutici) la condannavano, e che la maggior parte tra loro, anche tra i capi, l'hanno ignorata. Risulta chiaramente dagli elementi del processo che la "soluzione del problema ebraico" approvata dai dirigenti nazionalsocialisti consisteva unicamente nel riunire gli ebrei in una zona territoriale chiamata "riserva ebraica": era una specie di ghetto europeo, una, patria ebraica ricostituita all'est. Le disposizioni a conoscenza dei ministri e degli alti funzionari erano soltanto queste. Gli accusati di Norimberga hanno potuto sostenere di avere ignorato, durante tutta la guerra, le esecuzioni in massa avvenute ad Auschwitz, a Treblinka e altrove: essi ne sentivano parlare per la prima volta dagli accusatori, e nessun documento del processo ci permette di affermare che Göring, Ribbentrop o Keitel abbiano mentito affermando ciò. É possibile in effetti che la politica di Himmler sia stata una politica del tutto personale, eseguita con discrezione e che a lui soltanto vada accollata la responsabilità. La condanna alla quale ci si chiede di associarsi e alla quale ci associamo non tocca quindi un popolo, ma un uomo al quale il regime (ed è il suo torto) ha lasciato poteri esorbitanti. Non abbiamo il diritto di concludere che i tedeschi all'oscuro di queste cose, sono mostri. E non abbiamo il diritto di concludere che il nazionalsocialismo mirava necessariamente alla distruzione degli ebrei: si riproponeva soltanto di escluderli dalla vita politica ed economica del paese, e tale risultato poteva essere ottenuto con metodi ragionevoli e moderati. Costituendoci difensori del popolo ebraico, mettendoci alla testa di una crociata di odio a causa dei campi di concentramento, estendendo a tutti quell'odio inespiabile e senza appello, non siamo forse vittime di una propaganda i cui effetti potranno essere un giorno tremendamente deleteri per il popolo francese? Che rispondere se un giorno vorranno farci portare il peso di questa vendetta che ci siamo volontariamente assunti, se ci diranno che le nostre doglianze, la nostra requisitoria avrebbero dovuto riguardare soltanto l'esiguo numero di francesi deportati contrariamente alle leggi di guerra, se ci riterranno responsabili di questa tempesta d'odio e di dolore che abbiamo invocato sulla nazione germanica? Risponderemo parlando della "grande voce della Francia"? Allora non stia zitta quando altre ingiustizie e altri morti la citano in giudizio: se per decreto del cielo siamo i difensori di tutti, i difensori degli ebrei e degli slavi, allora non dobbiamo escludere nessuno, dobbiamo essere i difensori anche dei giapponesi e dei tedeschi quando i cadaveri sono giapponesi e tedeschi.

Non posso impedirmi di aggiungere una cosa. La missione che noi rivendichiamo per la Francia è singolarmente compromessa non soltanto da ciò che è avvenuto nel nostro paese da quattro anni in qua, ma anche dal nostro silenzio e, per altri versi, dalla nostra leggerezza nell'accogliere ogni genere di propaganda. La nostra indignazione a tratti si eclissa: la coscienza si sveglia quando parla l'interesse. Denunciamo la perversità degli avversari, il loro sangue freddo, nella tortura e nello sterminio, fingiamo di aprire occhi terrorizzati davanti alla bestia umana, e nel medesimo istante dimentichiamo: dimentichiamo e accettiamo la perversità dei nostri, accettiamo le torture e lo sterminio dei nostri nemici, salutiamo come angeli liberatori esseri muniti di casco, non meno mostruosi dei mostri da noi inventati. I campi di concentramento hitleriani ci indignano moltissimo, ma nello stesso tempo fingiamo di ignorare i campi di concentramento russi, che del resto scopriamo con orrore quando fa comodo alla nostra propaganda. Quale voce si è levata per far conoscere al pubblico francese il *dossier* schiacciante dell'occupazione in Germania; chi ha protestato contro il trattamento vergognoso e veramente "criminale" nel senso della convenzione di Ginevra, inflitto ai prigionieri di guerra tedeschi? I nostri giornali assicurano una larga diffusione alla propaganda antisovietica di origine americana nel nostro paese: chi ha cercato di verificare i fatti, di confrontarli almeno con i documenti di origine russa, infine di parlare con onestà della Russia sovietica, senza apparire né un servitore degli staliniani professionali né lo strumento dei finanzieri americani? Dov'è la "grande voce della Francia"? Quale verità ha osato guardare in faccia, da quattro anni? Noi consideriamo la guerra orrenda e parliamo di "atrocità" tedesche: ma non ci viene in mente nemmeno per un momento che forse è un'"atrocità" altrettanto grave cospargere città intere di bombe al fosforo, e dimentichiamo le migliaia di cadaveri di donne e di bambini rattrappiti nelle loro fosse, gli 80.000 morti di Amburgo in quattro giorni, i 60.000 morti di Dresda in quarantotto ore. Non so ciò che tra cinquant'anni si penserà di tutto questo; quanto a me, il negro americano che abbassa tranquillamente sulle case di una città la leva della sua riserva di bombe mi sembra ancora più inumano e mostruoso del guardiano carcerario il quale nella nostra immaginazione accompagna i sinistri convogli di Treblinka verso la doccia mortale. Confesso che se dovessi scegliere tra Himmler, che inventò i campi di concentramento, e il maresciallo dell'aria britannico che un giorno del gennaio 1944 decise di ordinare la tattica del bombardamento a tappeto per eliminare ormai l'azione singola, non metterei Himmler al primo posto. Invece noi abbiamo abbracciato i negri per le strade chiamandoli "liberatori", e il maresciallo dell'aria è passato fra i nostri evviva. Siamo difensori della civiltà, ma sopportiamo benissimo l'idea che città sovietiche siano distrutte in un secondo da due o tre bombe atomiche, e ce lo auguriamo perfino nell'interesse della civiltà e del diritto. Dopo questo, citiamo con orrore il numero delle vittime dei nazisti.

C'è tuttavia la perversità dicono gli altri, c'è l'ordine, quel meccanismo dell'orrore, quel sadismo, quegli impiccati a suon di musica, quella lavorazione a macchina della disfatta. Metodo magnifico il quale consiste nell'inventare una fantasia dell'orrore, e poi battersi il petto in nome dell'umanità, in onore dei film da noi stessi fabbricati. Controlliamo innanzi tutto queste super produzioni sensazionali degne dei fertili cervelli di Hollywood, e vedremo che cosa valgano certe proteste le quali provano soprattutto che ci manca il dono della riflessione. Giacché noi abbiamo accettato e approvato che si monti un meccanismo della decadenza morale e della persecuzione anche da noi; accettato e approvato procedimenti i quali portano il medesimo spirito d'ordine, di metodo, di ipocrisia nell'eliminazione, e che tradiscono per lo meno altrettanto sadismo di quello denunciato negli altri. Evidentemente, è meno spettacolare dello strappare le unghie, il che del resto non impedisce di strappare le unghie. Ma, alla fine, bisogna riconoscere tutti i meriti, riabilitare la nozione di "tortura morale". Gli inventori dell'ignobile truffa dell'articolo 75, gli uomini politici che li hanno coperti, hanno cercato di ottenere con mezzi puramente legali i medesimi risultati richiesti dagli altri, secondo loro, con mezzi fisici. Si sono serviti della menzogna, dell'ipocrisia, della perfidia per costringere uomini e donne alla disperazione, alla miseria morale, alla miseria materiale e sovente a quella fisiologica. Lavoro fatto bene: non si vede sangue e le pompe funebri pensano al funerale, beninteso col carro dei poveri. Ma decine di migliaia di francesi, tra i migliori, i più disinteressati, i più leali, i più fedeli, sono oggi morti viventi. Scacciati dalle loro case requisite, spogliati delle loro economie confiscate, privati dei diritti di cittadino, allontanati dagli impieghi, perseguitati da giudici servili, carichi di dolore e di amarezza, abbeverati di umiliazioni e di menzogne, erranti di rifiuto in rifiuto, senza appoggio, senza difensori, si accorgono oggi che la città della menzogna ha innalzato intorno a loro mura invisibili, simili a quelle dei campi, e che anche essi sono condannati, ma in silenzio, alla miseria e alla morte. I loro figli furono fucilati una mattina all'alba; essi non hanno più nulla, si guardano, senza comprendere, il petto da cui la croce di guerra è stata strappata, e la manica vuota di mutilato. Non portano la casacca dei deportati, ma una sera muoiono come loro dentro la prigione invisibile che l'ingiustizia ha loro costruito intorno. Talvolta muoiono modestamente di miseria, altre volte si uccidono col gas, e quasi sempre ci viene spiegato che si trattava di malattia, di depressione, di età. Tutto ciò non è spettacolare: non ci sono colpi di frusta, ma citazioni: non "ranci", ma un alberghetto con una lampada ad alcool: non forni crematori, ma bambini che muoiono e fanciulle che si perdono. Sì, ebrei, sì, cristiani sociali, gollisti, resistenti, potete essere fieri (ma un giorno i conti verranno fatti!). Quando si conteranno i morti anonimi della persecuzione, si vedrà che la cifra di 50.000 o di 80.000 deportati francesi morti è largamente bilanciata dal numero dei francesi morti di miseria e di dolore in seguito alla liberazione. Siccome non avevamo bombardieri, abbiamo inventato un modo di uccidere commisurato ai nostri mezzi: non vale più degli altri, è soltanto vile e ipocrita. Confesso di stimare molto di più il coraggio morale di Otto Ohlendorf, generale delle SS, che riconosce davanti al tribunale di aver massacrato 90.000 ebrei ed ucraini per comando del suo Führer, che non il generale francese responsabile di uno stesso numero di morti francesi che non si sente la forza di accettare.

Dove ha detto tutto questo la "gran voce 'della Francia."? Dove avete udito queste cose, nei grandi giornali e nelle trasmissioni per l'estero? Quale voce "autorizzata" ha osato dire, in quattro anni, tutta la verità? Quale grande giornale francese, quale grande scrittore francese ha osato ingaggiare questa battaglia secolare del pensiero francese? Ci dedichiamo a lavori più facili. Ci crediamo i dottori del mondo, e non abbiamo il coraggio di metterci uno specchio davanti agli occhi. Diamo al mondo lezioni di morale, lezioni di giustizia, lezioni di libertà. Siamo eloquenti come una mezzana durante un sermone. La nostra grande idea è che morale e giustizia siano sempre dalla nostra parte. Quindi abbiamo diritto, noi e i nostri amici, a una certa libertà d'azione. É per la buona causa. Ciò che noi e i nostri alleati facciamo, non sono mai atrocità. Ma appena un regime diventa nostro avversario, l'atrocità spunta in lui come le ortiche in un giardino.

Crederò all'esistenza giuridica dei "crimini di guerra" quando avrò visto il generale Eisenhower e il maresciallo Rokossovsky sul banco degli accusati, al tribunale di Norimberga. E, accanto a loro, signorotti di minor importanza come il nostro generale De Gaulle, responsabile ben più diretto che non Keitel e Jodl di un discreto numero di atrocità. Aspettando, non mi interessa lanciare maledizioni diverse contro i diversi nemici della *City* e di *Wall Street* o di cambiare anatemi come le donne mutano cappello. Reclamo il diritto di non credere ai racconti dei corrispondenti di guerra. Reclamo il diritto di riflettere prima di indignarmi. La tessera della benzina è un po' troppo complicata per la mia filosofia.

Si potrebbe credere qui che i principi posti in questa terza parte siano inattaccabili e limpidi, e che non' c'è nulla di più' semplice che condannare azioni contrarie alle leggi di guerra. Così effettivamente sarebbe avvenuto se il tribunale si fosse contentato di constatare che l'armata germanica aveva commesso azioni chiaramente vietate dalla convenzione dell'Aia. Noi non abbiamo niente da dire quando si limita a far ciò: per quel che riguarda la guerra sui mari, per esempio, o le esecuzioni irregolari dei prigionieri o le requisizioni abusive. Ma, a parte quest'ultimo capitolo (problema del resto assai complesso), quelle accuse sono poco numerose e soprattutto, non sono l'essenziale del processo. L'ultima parte dell'atto di accusa solleva mille difficoltà, gravissime, appunto perché il tribunale ha voluto introdurre innovazioni.

Esso confessa queste innovazioni. Il carattere retroattivo della legge internazionale improvvisata dal tribunale è talmente evidente che è stato ammesso dai capi delle delegazioni inglese ed americana. Se ne scusano soltanto dicendo che l'opinione pubblica mondiale non ammetterebbe di lasciare impunite certe atrocità commesse a sangue freddo. Quale valore ha tale affermazione, quando l'opinione pubblica mondiale è stata surriscaldata deliberatamente, e non si è aperta un'inchiesta completa e leale contro tutti i belligeranti? In mancanza di queste garanzie, la retroattività della legge internazionale alla fine si esprime così: alcuni diplomatici alleati si riuniscono a Londra dopo la firma della capitolazione, e dichiarano che determinati atti rimproverati ai loro nemici sono considerati criminali e puniti con la morte: ne fanno una lista che chiamano statuto dell'8 agosto 1945, e incaricano i giudici di fabbricare un atto d'accusa dove ogni paragrafo termina con quest'enormità: "E tali atti commessi nel 1943 o nel 1944 sono illegali e criminali perché contrari all'articolo 6 o all'articolo 8 del nostro statuto". I bambini, almeno avvertono quando vogliono cambiare le regole del giuoco. Ma i nostri giuristi internazionali non sono arretrati davanti a questa incoerenza: sembra che non ne abbiano nemmeno intravisto le conseguenze.

Non soltanto il carattere ingiusto di questa retroattività, riprovata da tutti i legislatori, ci colpisce, ma esso costituisce una minaccia per l'avvenire. Dopo ogni guerra internazionale ormai, è evidente, il vincitore si crederà autorizzato a fare altrettanto. Si appellerà sempre all'indignazione dell'opinione pubblica mondiale. Sarà facile allora fare ammettere che i responsabili dei bombardamenti atomici debbono essere processati; allo stesso titolo si riconoscerà che debbono essere processati i responsabili di tutti i bombardamenti delle popolazioni civili. E, basandosi su quel precedente, colpirà tutti insieme aviatori, ministri, generali, fabbricanti. Si potrà andare anche più lontano: basta essere il più forte. Si può sostenere con ottimi argomenti che ogni operazione di blocco è essenzialmente disumana, e dichiararla contraria alle leggi di guerra. Il più forte può dire tutto ciò che vuole: i suoi fotografi pubblicheranno cadaveri, i giornalisti invieranno corrispondenze e l'opinione pubblica mondiale fremerà ascoltando la radio. E i suoi nemici saranno impiccati sino al grado di colonnello incluso od anche più in là, se si vuole. "Voglio vincere la prossima guerra," diceva in una recente intervista il maresciallo Montgomery, "perché non intendo essere impiccato". Questo soldato britannico ha compreso bene la solidità del nuovo diritto.

La delegazione francese (capitolo logica e solidità) sentiva con pena la parola "retroattività". Voleva dimostrare che non bisogna avere tanti scrupoli e che Göring era giuridicamente soltanto un brigante di strada. La decisa dialettica seguita in questa dimostrazione è interessante perché pone un principio ancora più ampio del precedente. Poiché "i tedeschi sono stati gli aggressori", la loro guerra è "illegale" e si sono messi al di fuori della legge internazionale. "Che significa, se non che tutti i crimini commessi in seguito a questa aggressione, per il proseguimento della lotta iniziata, cesseranno di avere il carattere giuridico di atti di guerra? " Da questo momento tutto diventa semplice: "Le azioni commesse durante l'andamento di una guerra sono attentati alle persone e ai beni, proibiti e sanzionati in tutte le legislazioni. Lo stato di guerra non potrebbe renderli leciti altro che se la guerra stessa fosse lecita. Poiché dopo il patto Briand-Kellogg nessuna guerra è ammessa, quelle azioni diventano puramente e semplicemente crimini di diritto comune". Ecco: non è affatto difficile e bastava pensarci. Tutto ciò che facciamo noi è lecito, sono "atti di guerra" protetti da una "norma speciale del diritto internazionale... che toglie agli atti cosiddetti di guerra ogni qualifica penale": tutto ciò che "essi" fanno "per il proseguimento della lotta ingaggiata" (espressione amplissima) è illecito e diventa automaticamente crimine di diritto comune. Da un lato, l'ordine, la gravità, la coscienza: gli eserciti del diritto bombardano Dresda con un sentimento di infinita pena, e quando i nostri senegalesi violentano le giovinette di Stoccarda, è un atto di guerra che sfugge ad ogni qualifica penale: dall'altro lato, il diritto comune in uniforme e munito di elmetto: una banda di briganti sotto travestimenti vari si insedia in una caverna chiamata *Kommandantur* e tutto ciò che essi fanno si chiama saccheggio, sequestro, assassinio. Non sono io a dirlo, è sempre la delegazione francese: "L'uccisione dei prigionieri di guerra, degli ostaggi e degli abitanti i territori occupati cade, nel diritto francese, sotto gli articoli 295 e seguenti del codice penale, i quali designano l'assassinio e l'omicidio. I cattivi trattamenti cui si riferisce l'atto d'accusa rientrano nel quadro delle ferite e lesioni volontarie definite dall'articolo 309 e seguenti. La deportazione, indipendentemente dai decessi che l'accompagnano, si identifica col sequestro arbitrario di cui parlano gli articoli 341 e 344. Il saccheggio della proprietà pubblica e privata e l'imposizione delle ammende collettive sono sanzionati dall'articolo 221 e seguenti del nostro codice di giustizia militare. L'articolo 434 del codice penale punisce le distruzioni volontarie, e la deportazione dei lavoratori civili si assimila all'arruolamento obbligatorio previsto dall'articolo 92". Ed ecco come la brutta parola "retroattività" è stata cancellata dai nostri documenti. Tutto grazie al caro piccolo patto Briand-Kellogg, rampino polveroso sganciato nel granaio dei nostri patti, che ci ha concesso di accendere questo bel fuoco d'artificio.

Il carattere ignobile e mostruoso di questa truffa giuridica merita di essere sottolineato. Per farlo, bisogna sapere che le azioni definite in tal modo dalla nostra delegazione sono, d'altra parte, espressamente riconosciute come diritti delle convenzioni dell'Aia. Le armate in guerra hanno il diritto di prendere ostaggi, e noi, infatti, lo abbiamo fatto; esse esercitano piena giurisdizione sui prigionieri di guerra salvo certe formalità; hanno il diritto di assicurare l'ordine nelle retrovie e di procedere ad arresti; hanno il diritto di condannare e giustiziare gli agenti nemici in territorio occupato e, in particolare, i franchi tiratori. Esse hanno il diritto di esigere le spese d'occupazione "normali" e di procedere a requisizioni seguendo determinate regole. Tale è il diritto della guerra, il diritto delle genti, scritto e convenuto; ed è il riconoscimento di questo diritto di guerra e di questo diritto delle genti che la nostra delegazione rifiuta al nemico. La legge internazionale esiste; ma per loro non esiste. Noi, armate del diritto, noi partecipiamo a queste cose: loro no. E ciò è tanto più bello in quanto, durante tutta la guerra, mentre i tedeschi erano qui, "mentre erano i più forti", noi abbiamo fatto appello, verso di loro, al diritto internazionale. Quando essi erano i più forti, erano soldati e "dovevano" applicare il diritto delle genti, di cui in più circostanze abbiamo accettato di beneficiare. Adesso, vinti, non sono più soldati, non hanno più il diritto di appellarsi a loro volta al diritto delle genti, sono divenuti criminali di diritto comune. É difficile essere più ignobili e più bassi. Ma poiché i nostri "resistenti" sono incoscienti, essi si meravigliano quando diciamo loro che la politica francese dopo il 1944 è soltanto, per noi, bassezza e vergogna: immagine del disonore.

Si può riconoscere tuttavia una certa unità nel "pensiero" di De Menthon. Il suo sistema consiste nel negare la realtà. A noi francesi egli dice: non c'era armistizio, non c'era governo francese a Vichy, la guerra continuava, il governo francese risiedeva a Londra, e ogni francese del territorio metropolitano che rivolgeva la parola al nemico entrava in "intelligenza col nemico": non compiva un atto politico, ma un crimine di diritto comune previsto dagli articoli 75 e seguenti del codice penale.

Ai tedeschi spiega: non c'era guerra, non c'era esercito tedesco, ma un'accolta di briganti associati per perpetrare crimini di diritto comune; e ogni tedesco che firmava un ordine era un criminale che gridava qualche cosa ai complici: non compiva un atto di guerra più o meno conforme alle convenzioni internazionali: commetteva un crimine di diritto comune previsto dagli articoli tale e tal altro del codice penale. È ammirevole vivere così a proprio agio in un universo capovolto. La disonestà intellettuale non può andare oltre. Una menzogna fondamentale, un urlo da pazzi ripercosso da mille echi è il preludio di questo legislatore. Gli si dice: "Eppure, la terra gira", ma egli non ode, cammina come un cieco condotto dalla sua malafede e dal suo odio, brancola in mezzo alle enormità. E ci invita a contemplare le sue bambole mostruose, le sue allegorie che camminano con la testa all'ingiù, mentre la Verità fa il pagliaccio nel circo e la Giustizia cammina sul soffitto come le mosche.

Si vede chiaramente che questo principio è assai più fecondo del precedente. Ormai, ogni guerra internazionale diventa "automaticamente" una guerra del diritto. Il vincitore non farà nessuna fatica a far riconoscere che il vinto è sempre l'aggressore. Ne abbiamo esempi ottimi. Nulla è più confuso dell'inizio delle ostilità in Polonia. Noi abbiamo dimenticato le provocazioni polacche, abbastanza numerose da essere riunite dal governo germanico nel *Libro Bianco*. L'affare di Berlino è anch'esso molto confuso. Il governo sovietico deduce logicamente e correttamente le conseguenze dell'accordo insensato a lui consentito. Ciò non impedisce che se la guerra scoppia, sarà designato come l'aggressore. Le cose stanno così . Il patto Briand-Kellogg è in realtà una bacchetta magica tra le mani del vincitore. E ogni successore di De Menthon avrà ormai il diritto di fare il ragionamento di De Menthon, e di spiegare ai vinti che essi non erano, come credevano di essere, dei soldati ma una banda di malfattori riunitisi per compiere, secondo il caso, un attentato contro la libertà o un'operazione di brigantaggio capitalista. La giustizia è ormai sparita dal nostro mondo. Il diritto internazionale è non soltanto un diritto equivoco: è, in modo definitivo e come viene oggi applicato la negazione e l'annullamento di ogni diritto.

Quest'annullamento del diritto ha conseguenze enormi. Il diritto che protegge è il diritto scritto, ed esso esiste nel diritto internazionale poiché esistono le convenzioni dell'Aia. Il diritto è l'editto. L'editto è una cosa sicura: si vede scritto sul muro quello che è permesso e quello che è proibito. Ma oggi nessuno può dire, nel corso di una guerra e forse nemmeno in piena pace, ciò che potrà essergli o non essergli rimproverato. La "coscienza internazionale" giudicherà. Che cosa si farà dire alla "coscienza internazionale"? Come mai i nostri giuristi non hanno capito che questa nuova base del diritto internazionale era quel *Volksempfind* da loro tanto rimproverato al nazionalsocialismo? Così questo mondo elastico di cui parlavamo al principio è assai più elastico di quanto potessimo immaginare. Se si vuole, tutto è diritto comune. Non vi sono più eserciti, non vi saranno mai più eserciti. Agli occhi del vincitore non c'è che una banda di malfattori i quali commettono crimini contro di lui: è vietato rivolgere la parola a quei malfattori, proibito considerarli uomini, proibito pensare che qualche volta possano dire la verità. È soprattutto vietato trattare con loro: con il crimine vige uno stato permanente di guerra. Ma da quale parte è il crimine? La linea del fronte in questa materia rischia di assumere la più grande importanza: l'uniforme americana è la livrea del delitto se Mosca vince, e il comunismo l'ultimo grado della barbarie se Magnitogorsk capitola. Questo nuovo diritto non è così nuovo come sembra. Tra maomettani e cristiani, era questo press'a poco il modo di decidere e, per sfuggire al massacro, restava, come ora, la risorsa di convertirsi. È strano però chiamare ciò progresso.

Lo spirito della nostra nuova legislazione è reso ancora più pericoloso dalla concezione moderna della responsabilità. Se fossimo stati accorti, non sarebbe stato difficile scindere le responsabilità. Da tutti i tribunali del mondo è ammesso chiaramente che quando un subordinato esegue un ordine, è coperto dall'ordine stesso. La sua responsabilità personale comincia a partire dal momento in cui di sua iniziativa "aggiunge" qualche disposizione aggravante. Se un poliziotto riceve l'ordine di interrogare un sospetto, non può essere rimproverato per averlo interrogato e arrestato; ma se gli cava un occhio, è giusto intentargli un processo per aver cavato un occhio a un prigioniero. Questo modo ragionevole e tradizionale di interpretare la legge ci permetteva di ricercare gli autori di sevizie e di torture, e noi non protestiamo affatto qui contro i processi singoli intentati a carnefici, quando quei processi furono regolari e quando la sentenza fu emessa in conformità agli articoli del codice che puniscono le sevizie e la tortura. Era perfino possibile, in tali condizioni, ricercare gli ufficiali direttamente responsabili delle rappresaglie affrettate o esagerate e accusarli di essere andati oltre gli ordini ricevuti o di aver interpretato consegne generiche con brutalità tale da equivalere ad eccedere gli ordini. Questi processi individuali erano tanto più legittimi in quanto, nella maggior parte dei casi, si trovavano infrazioni alle convenzioni dell'Aia: di conseguenza non si trattava di innovare, ma unicamente di perseguire gli abusi di coloro i quali erano dotati del potere di uccidere. Tale modo ragionevole di far giustizia avrebbe riscosso l'approvazione di tutte le coscienze: non apriva un abisso tra il popolo germanico e noi. Il vincitore diceva soltanto: "Esistono delle leggi di guerra e voi le conoscevate: noi puniamo nella medesima misura, nelle vostre file e nelle nostre, coloro che non le hanno osservate; adesso vi chiediamo di dimenticare le vostre sofferenze come noi cerchiamo di dimenticare le nostre: ricostruiamo le nostre città e viviamo in pace". Così avrebbero parlato uomini giusti.

Ma tutto ciò non ci conveniva. Noi non tenevamo a punire atti criminali isolati: occorreva affermare la criminalità di "tutta" la politica tedesca, dire che questa guerra era una lunga serie di delitti e per conseguenza ogni tedesco era un criminale, giacché aveva collaborato, sia pure senza prendere iniziative personali, sia pure come semplice strumento, ad una politica criminale. Bisognava dunque arrivare a sostenere che nel paese più fortemente disciplinato che esista e sotto un regime assoluto (da dieci anni regime legale), riconosciuto dal mondo intero, le disposizioni, le norme, gli ordini emanati dal governo "non avevano alcun valore" e non proteggevano affatto gli esecutori. Allora abbiamo rinnegato tutto, ci siamo messi sotto i piedi le più elementari evidenze. Ciò che siamo giunti a sostenere oltrepassa l'immaginazione. Abbiamo dimenticato, abbiamo rifiutato di vedere che il *Führer-prinzip*, base del regime legale germanico, faceva d'ogni cittadino un soldato, d'ogni esecutore un uomo il quale, qualunque fosse il suo rango, non aveva il diritto di discutere gli ordini. Che fare, se si aveva la disgrazia di essere un generale tedesco? Gli era assolutamente proibito di dare le dimissioni in tempo di guerra: allora? La nostra "giustizia" dà la scelta tra il palo per rifiuto d'obbedienza e la forca di Norimberga per aver eseguito gli ordini. Dovevano protestare? "Hanno protestato". Il *dossier* degli alleati è costituito essenzialmente dai rapporti e dalle proteste che gli esecutori di grado più elevato inviavano al quartiere generale del Führer per descrivere gli eccessi ai quali dava luogo la condotta della guerra e per chiedere che gli ordini troppo severi a loro trasmessi fossero revocati. Ogni volta fu loro risposto che il Führer o il suo delegato, il *Reichsführer* Heinrich Himmler, confermavano quelle istruzioni e ne assumevano l'intera responsabilità.

C'era un responsabile in Germania, ed era uno solo: Adolf Hitler. Non si discutevano gli ordini di Adolf Hitler. Così hanno detto i più grandi, e lo stesso Göring: "Non eravamo sempre d'accordo anche su questioni essenziali, ma una volta dato l'ordine si doveva obbedire". Questa disciplina assoluta, iscritta nel giuramento di fedeltà, era per i tedeschi la base del loro regime e una garanzia per la loro coscienza. Lo sappiamo bene, e i nostri "giudici" lo sanno. Ed allora, ecco ciò che hanno inventato. Contrariamente alla legislazione dello stato germanico, e contrariamente anche a tutte le legislazioni nazionali, non temono di dichiarare innanzi tutto che nessuno poteva considerarsi coperto da ordini superiori. Il loro statuto, redatto nell'agosto 1945, sanzionava solidamente questo nuovo principio: "Lo statuto stabilisce che colui il quale ha commesso azioni criminali non può trovare scusanti in ordini superiori". Sir Hartley Shawcross, procuratore britannico, tira le conseguenze di questa dichiarazione: "La lealtà politica, l'obbedienza militare sono cose eccellenti, ma non esigono né giustificano il compimento di azioni notoriamente malvage. Arriva un momento in cui un uomo deve rifiutarsi di obbedire al suo capo, se vuole obbedire alla propria coscienza. Anche un soldato semplice non è obbligato a compiere azioni illegali". Questa affermazione, così grave poiché rende obbligatoria l'obiezione di coscienza, non basta tuttavia al tribunale che trova modo di tornare su questo punto nella sentenza stessa. "Colui il quale ha violato le leggi di guerra", conclude il tribunale, "non può, per giustificarsi, allegare il mandato avuto dallo stato, dal momento che lo stato conferendo tale mandato ha oltrepassato i poteri a lui riconosciuti dal diritto internazionale. Un'idea fondamentale dello statuto è che gli obblighi internazionali imposti all'individuo hanno la precedenza sul dovere d'obbedienza verso lo stato cui appartengono".

Sarebbe impossibile fare affermazioni più nette, e questa filosofia politica ha, almeno, il merito di essere chiara. Essa erige l'obiezione di coscienza a dovere, e impone il rifiuto di obbedienza. Il suo odio verso gli stati militari è tale che distrugge ogni stato. L'onore e il dramma del soldato vengono da essa negati con un'unica frase. La grandezza della disciplina è annullata con un tratto di penna. L'onore degli uomini, che è quello del servire fedelmente, l'onore impresso nelle nostre scienze fin dal primo giuramento prestato al sovrano, quell'onore non esiste più, non è più iscritto nel manuale di istruzione civica. Soltanto, i nostri sapienti giudici non si sono avveduti che, distruggendo la forma "monarchica" della fedeltà, distruggevano tutte le patrie: poiché non esiste regime che non riposi sul contratto di servizio, non esiste altra sovranità al di fuori della monarchia, e le stesse repubbliche hanno inventato l'espressione di "popolo sovrano".

Ormai questa chiara coscienza del dovere, per ordine del sovrano, ha perduto ogni suo potere. L'indiscutibile, il certo, è abolito. L'editto attaccato al muro non ha più autorità, l'obbedienza al magistrato varia secondo le circostanze. Non è più permesso a nessuno dire: la legge è la legge, il re è il re. Tutto ciò che era chiaro, tutto ciò che ci permetteva di morire tranquilli, è compromesso da queste frasi assurde. Lo stato non ha più forma. La città non ha più mura. Un sovrano nuovo, senza capitale e senza volto, regna ormai al loro posto. Il suo tabernacolo è una stazione radio. Là ogni sera si ode la voce alla quale dobbiamo obbedire, quella del super stato che ha la precedenza sulla patria. Giacché la frase scritta dai giudici nella sentenza è chiara, non lascia luogo ad equivoci: se la "coscienza dell'umanità" ha condannato una nazione, i cittadini di questa nazione sono sciolti dal loro dovere di obbedienza: e non soltanto sono sciolti, ma "debbono" agire contro il proprio paese. "Gli obblighi internazionali imposti agli individui hanno la precedenza sul loro dovere di obbedienza verso lo stato a cui appartengono".

Così, a questo punto dell'analisi, si scopre che tutto si puntella e in questo modo si sostiene reciprocamente. Noi non siamo più i soldati di una patria, siamo i soldati della legge morale. Non siamo più i cittadini di una nazione, siamo coscienze al servizio dell'umanità. Allora tutto si spiega. Non si tratta di sapere se il maresciallo Pétain è il capo legale del governo francese; la Francia non esiste, la legalità non esiste. Si tratta di sapere se il generale De Gaulle incarna la morale internazionale con maggiore esattezza del maresciallo Pétain : tra la "democrazia" rappresentata da un comitato improvvisato a Londra e la "Francia", rappresentata da un governo il quale non convoca i consigli generali, noi non possiamo esitare. Bisogna preferire la democrazia, perché la morale è necessariamente dalla parte della democrazia, mentre la Francia non rappresenta niente di fronte alla morale. Eccoci dunque davanti al paesaggio intellettuale completo del cervello del signor De Menthon. Ormai la "democrazia" è la patria, e la patria non esiste più se non è democratica. Preferire la patria alla democrazia è un tradimento. Quando la democrazia e minacciata, il patriottismo è "sempre" dalla parte della democrazia. Se la patria è nel campo contrario non fa nulla: la "resistenza" è la legge suprema, il "tradimento" è obbligatorio e la fedeltà è tradimento: il franco tiratore è il vero soldato.

Anche qui la nuova situazione definita dal tribunale non dovrebbe sorprenderci, giacché ha un precedente che ne circoscrive bene il significato: si tratta di una "scomunica". E i risultati che da essa si aspettano e si esigono sono in effetti i risultati che la Chiesa aspettava ed esigeva dalla bolla di scomunica. Lo stato così condannato deve essere immediatamente svuotato della sua energia e sostanza, deve ispirare dall'oggi al domani l'orrore e il terrore, gli si deve rifiutare il pane e il sale (e cioè l'imposta, il servizio militare, l'obbedienza), i suoi generali debbono ribellarsi. La delegazione francese ci avverte persino che questa scomunica ha il potere di mutare nome e qualità a tutte le cose. Colui che si ostina è trasformato per virtù di una bacchetta fatata. L'esercito scomunicato non è più esercito, diventa un'associazione di malfattori; le azioni di guerra non sono più azioni di guerra, diventano crimini di diritto comune. La maledizione giuridica trasforma il paese in deserto e nello stesso tempo trasforma tutti i suoi abitanti in sudditi dell'impero del male, toglie loro ogni prerogativa dell'essere umano. Se non abbracciano il partito dell'angelo, se non invocano sulle loro città la folgore sterminatrice, sono colpiti dalla maledizione e dalla condanna del loro paese. Se non chiamano la patria Sodoma, se non la maledicono, non c'è grazia per loro. L'ONU scaglia fulmini e la patria si dissolve. Non esiste più potere temporale.

Ed è a questo dissolversi del potere temporale che ci portano a poco a poco le tendenze da noi descritte analizzando la prima e la seconda sezione dell'atto di accusa, di cui troviamo qui l'espressione completa. Avevamo precedentemente concluso che i nazionalismi, e con loro i modi di manifestarli e di difenderli, erano colpiti dallo spirito di Norimberga. Il nuovo diritto mirava ad una spoliazione. Vediamo adesso che non i soli nazionalismi sono messi sotto accusa, ma le patrie stesse. I diritti interni sono detronizzati dall'avvento di un diritto superiore; gli stati sovrani vengono deposti se non accettano di essere i servitori del super stato e della sua religione. Ma non è soltanto questo. Lo spirito messianico, alla fine, si smaschera: predica chiaramente il suo nuovo Vangelo. Tutte le città sono sospette, perché depositarie del potere. Così il loro potere diventa soltanto un potere amministrativo. Le patrie sono i gerenti di un'immensa società anonima. Si lascia loro una certa potestà regolatrice e il loro dominio viene in questo modo circoscritto e definito; dell'essenziale sono spodestate. Il potere spirituale, il potere di rassicurare le coscienze di rendere legittimo ciò che è conforme alla legge non appartiene loro più. Gerenti del temporale, esse debbono inchinarsi e tacere quando si tratta di decisioni di stato. E non soltanto vengono invitate al silenzio, ma si invitano i cittadini a diffidare. Le patrie non possono mettere al mondo che eresie. Sono tutte sospette di una maledizioni originale. Vengono dichiarate incapaci di formulare il dogma e sospette nell'interpretazione. Si ritira loro ogni potestà sulle coscienze. Lo spirituale è confiscato a profitto di una istanza superiore internazionale, la quale è la sola a dire il giusto, ed è la coscienza del mondo. Le patrie sono deposte: sono deposte a profitto di un impero spirituale del mondo, il quale "ha la precedenza" (è la parola) su tutte le patrie. Roma è stata inventata di nuovo. Esiste ormai dopo il giudizio di Norimberga una religione dell'umanità, e c'è anche un "cattolicesimo" dell'umanità. Noi dobbiamo sottomissione alla santa madre chiesa dell'umanità, che ha bombardieri per missionari. La sentenza di Norimberga è la bolla *Unigenitus*. Ormai il conclave parla e gli scettri cadono. Entriamo nella storia del sacro impero.

Questa nozione di uno stato universale che governa le coscienze è dunque il coronamento dei principi fin qui soltanto enunciati. Senza questa conclusione, essi non avrebbero un senso completo: con essa tutto si illumina, la cupola dà all'edificio la sua forma. Ci era stato detto come prima cosa che ci era proibito riunirci per la forza e la grandezza della patria, che ogni riunione poteva essere considerata come un associazione di malfattori. Per seconda cosa, noi dovevamo abituarci a delegare una parte della nostra sovranità, l'essenziale, in virtù di una carta costituzionale del super stato, la quale è stata concessa al mondo senza chiedere il nostro parere. Queste disposizioni ci incatenavano doppiamente: ci incatenavano all'interno, nelle nostre città, e nei rapporti con l'estero; in ciò che i giornali chiamano "politica interna e politica estera". La coscienza universale, giudicando dall'alto del suo tribunale, ci vietava la difesa e l'isolamento. Ma non era abbastanza. Deve fare il suo mestiere di coscienza sino in fondo: bisogna che, come l'occhio di Caino, sia insediata nella tomba. Essa rappresenta lo sguardo di Dio, e perciò proibisce e fa tremare. È sospesa come una spada. Il magistrato ritira la testa tra le spalle, il poliziotto tossisce forte prima di fermarsi davanti al covo e il generale si sente la corda intorno al collo. Giacché la coscienza non scrive niente, indica soltanto una linea da seguire, "la linea". Non è coercizione, non ci sono gendarmi, è soltanto un veleno nello stato, una semplice infiltrazione che corrompe tutto. Non siete nemmeno minacciati; è la vostra voce stessa a minacciarvi, poiché la coscienza universale è tutti, e quindi anche voi. Siete sicuro di aver agito conformemente alla morale, a quella morale universale di cui tutti possediamo l'istinto e che si risveglierà nel giorno del giudizio e chiederà "spontaneamente" delle punizioni? Siete sicuri di essere rimasti nella "linea"? Quale linea? chiede il generale: dicono tutti le stesse parole, ma danno ad esse significati differenti. Non importa, non preoccupatevene: avete una coscienza, sì o no? Tutti, anche un generale, hanno una coscienza. Allora comportatevi secondo le leggi imprescrittibili della coscienza, e soltanto secondo esse, o sarete impiccati. Ricordatevi che non esiste regolamento di fanteria, non esiste regolamento di servizio in campagna, non esistono ordini superiori, nulla di ciò che è scritto ha significato. Tutte le nostre leggi sono leggi minori coperte in ogni caso dalla grande voce della coscienza universale (il più delle volte trasmessa per radio), che l'unità dello stato e l'esistenza dello stato possono essere annullate ad ogni istante da una semplice bolla, e che non esiste nulla, assolutamente nulla, fuori della voce che viene dall'alto.

Ecco il mondo che ci viene offerto, soltanto perché era necessario che i tedeschi fossero mostri, e perché bisognava dar ragione a coloro i quali avevano distrutto le loro città. Per giustificare la distruzione, s'inventa la distruzione continuata. Per giustificare la radio, si inventa la radio perpetua. Per giustificare gli alleati, si giura che tutte le guerre debbono ormai esser condotte come la precedente. Col pretesto di colpire un regime autoritario, si è distrutta da per tutto l'autorità, e col pretesto di condannare la Germania, tutti sono stati strettamente vincolati. Noi lasciamo fare in nome della virtù e di un mondo migliore, senza vedere che questo super stato, il quale vieta per principio determinate forme di stato, che detta i contratti e controlla le politiche, non è altro che un signorotto anonimo il quale stabilisce le condizioni di vita dei suoi vassalli. La morale internazionale è soltanto lo strumento di un regno. È impotente a proteggere gli individui, ma è comodissima per dominare gli stati.

È quasi inutile sottolineare come questo bel lavoro preparatorio possa alla fine giovare al regno universale del marxismo, in cui fingiamo oggi di scoprire la faccia della Gorgona. Giacché che altro sostiene il marxismo, sia pure con parole diverse? Per i marxisti il diritto interno di ciascun paese deve dare la precedenza, in lealtà, al dovere imposto agli individui di partecipare alla lotta liberatrice del proletariato. Per essi, al di sopra degli obblighi di cittadini, c'è sempre una coscienza universale la quale si identifica con la coscienza di classe. E questa coscienza marxista brontola negli stessi termini, è vaga; anche qui si tratta di restare "nella linea". I teorici della "coscienza universale" non hanno capito bene che quest'arma a cui prestano tante cure è simile al giavellotto degli australiani il quale torna sempre indietro per uccidere chi lo lancia. Tutto ciò che essi fanno può tornare a loro danno. Ogni affermazione può servire al nemico. E non dobbiamo stupire oggi se il partito comunista ci avverte che "il popolo francese" non accetterà la guerra contro la Russia: è un'applicazione dei principi di Norimberga. Norimberga distrugge le patrie: e chi le distrugge meglio del comunismo? Norimberga pone un'istanza internazionale: Mosca non ne è forse una? Norimberga crea una chiesa: l'altra chiesa è la terza Internazionale. Norimberga decreta il regno della "Coscienza universale": al comunismo basterà rivestirsi di questa pelle per avere lo stesso aspetto. I nostri teorici hanno trasformato tutte le guerre future in guerre civili, e in queste guerre civili hanno preparato quello che servirà al nemico. Il dio della guerra non è più Marte, ma *Janus bifrons*: Giano dalle due facce il quale sa a che radio votarsi. Ci hanno disarmato contro lo straniero. Ma quale straniero?

Un altro risultato ottenuto è la fine certa della "persona", inseparabile dalla fine delle patrie. Questo secondo risultato sembra più sorprendente del primo, perché il tribunale di Norimberga ha preso per tema la "difesa della persona": ma sfortunatamente è altrettanto sicuro.

Intendiamoci: non si tratta di negare le prescrizioni e i veti precisi, concernenti il diritto delle genti e la condotta della guerra, stabiliti dalla sentenza di Norimberga. Essi fanno ormai giurisprudenza e potranno costituire un'efficace protezione delle persone. Le convenzioni dell'Aia sono state così completate da altri testi resi necessari dalla guerra moderna. Sarebbe stato nondimeno di interesse generale che questo nuovo codice di guerra fosse istituito in circostanze diverse, in seguito a una cooperazione leale e completa tra tutte le nazioni, e soprattutto che non appaia legato a una particolare concezione politica. Sarebbe stato meglio attenersi a testi pratici e chiari, piuttosto che formulare un'ambiziosa filosofia del diritto delle genti che rischia di essere interpretata nel modo più strano. Sarebbe stato più utile, inoltre, proporsi un esame completo dei procedimenti della guerra moderna invece che lasciare nel nostro codice lacune così gravi come quella del blocco o del bombardamento delle popolazioni civili, soltanto perché erano soggetti di riflessione inopportuni.

Ma adesso non si tratta di ciò: noi prendiamo l'espressione "difesa della personalità umana" nel senso più lato che le fu attribuito nelle recenti discussioni. Coloro i quali adoperano tali parole si preoccupano dei diritti e della libertà dell'uomo: e in questo senso noi pure le intendiamo.

Non faremo osservare ai rappresentanti della coscienza universale la loro impotenza ad assicurare il rispetto della persona, sia pure nei territori controllati. Sarebbe un giuoco troppo facile. Ci sono evidentemente, al momento attuale, persone di ogni genere le quali non possono pretendere di essere considerate "persone umane": per esempio, gli indocinesi da noi massacrati in Indocina, i malgasci imprigionati a Madagascar, i baltici, i sudetici, i tedeschi del Volga che fanno i turisti nei centri dei D.P., i piccoli e medi nazisti ed altri mostri rinchiusi a Dachau e a Mauthausen, i polacchi e i cechi che non amano il governo sovietico, i negri della Luisiana e della Carolina, i francesi che hanno gridato "Viva il maresciallo", gli arabi che hanno gridato: "Viva il sultano", i greci che hanno gridato: "Viva la Grecia", e gli ucraini sopravvissuti inviati in Siberia perché sono, per loro disgrazia, degli ucraini sopravvissuti... Tutto ciò non prova nulla, d'accordo; ma la lista è un po' lunga. Facendo il totale, provo un lieve imbarazzo nel constatare che, alla fine, ci sono più cadaveri, torture e deportazioni sul conto dei difensori professionali della persona che su quello dei persecutori e degli assassini.

Anche questo, d'accordo, non prova nulla. Non so bene veramente come possa non provare nulla, ma crediamolo pure facendo fede agli spiriti serissimi che ce lo dicono. L'importante è di renderci conto non che la difesa della persona si rassegna a usare assassinii, torture e deportazioni, ma che raggiunge il risultato di annullare la persona.

Questa fatalità tuttavia è scritta in termini chiarissimi che noi più di una volta abbiamo potuto leggere. La difesa della persona non è una nuova religione. Ci fu già proposto di adorare questo dio. Il suo avvento ha luogo sempre in mezzo ai medesimi festeggiamenti: la ghigliottina è il suo gran sacerdote e in onore del dio un gran numero di oppressori viene sgozzato. Dopo di che la cerimonia termina regolarmente con un bel regime autoritario, luccicante di elmetti, stivali, spalline e adornato di aguzzini con una, certa larghezza. Questa segreta contraddizione è stata più volte notata; e fin da prima della guerra gli osservatori più seri erano d'accordo nel constatare (ma di tale opinione non si parla più) che la parola libertà è adoperata e ripetuta volentieri soprattutto dai furfanti. La storia ci conduce così ad una prima contraddizione iscritta regolarmente nei fatti: la difesa della persona porta, in nome della libertà, all'oppressione, o a regimi ipocriti i quali salvano la libertà chiudendo gli occhi sulla degradazione delle persone. La geografia non è molto più consolante. Il rispetto della persona consiste nel riconoscere un'eguaglianza tra gli uomini, e per conseguenza diritti uguali al negro di Duala e all'arcivescovo di Parigi. Si cavilla sulla parità dei diritti: un giorno bisognerà pur riconoscerli, o la nostra insegna non avrà più senso. Da quel giorno, la libera espressione della parità dei diritti di due miliardi di esseri umani sarà così ripartita: 600 milioni di bianchi; il resto sono negri, asiatici e semiti. Per mezzo di quale ragionamento potrete fare ammettere ai negri, agli asiatici e ai semiti che i loro diritti eguali non possono esprimersi con una rappresentanza eguale, e che quando si tratta di cose serie, il parere di un bianco vale quello di dieci negri? C'è un solo argomento che rende visibile una verità così poco evidente; è la presenza della flotta di sua maestà, alla quale effettivamente si ricorre ogni volta che la discussione minaccia di smarrirsi generalizzandosi. Così la difesa della persona, su questo piano, ancora una volta mette capo ad una contraddizione: si afferma a colpi di cannone, o deve ascoltare con sottomissione gli ordini che i *Coloured gentlemen* si compiaceranno di dare.

Ecco perché facciamo tanto rumore: per una libertà che non possiamo far rispettare, per un'eguaglianza che ci rifiutiamo di realizzare. *Verba et voces*. Noi parteggiamo per la difesa della persona a patto che tale difesa non significhi nulla. Parteggiamo per la difesa della persona, ma vogliamo fare ai negri la medesima cosa che rimproveriamo ai nazisti di aver fatto agli ebrei. E non soltanto ai negri, ma agli indocinesi, ai malgasci, ai baltici, ai tedeschi del Volga ecc. E non soltanto a costoro, ma anche al proletariato di tutti i paesi al quale pretendiamo di imporre la nozione ufficiale del rispetto della persona, sebbene quel proletariato risponda che tale rispetto non lo interessa affatto. Noi difendiamo e rispettiamo la persona, ma una persona ideale, una persona *in abstracto*, una persona "come l'intende il tribunale".

So bene che mi viene richiesto di non fermarmi a particolari simili. Una sistemazione verrà dopo. Per ora, la coscienza universale sta installando i suoi uffici. Ma sono proprio i grafici attaccati alle pareti, i grafici dello sviluppo futuro che mi preoccupano più dei risultati ottenuti. Questa persona nuda, senza patria e indifferente ad ogni patria, non conosce le leggi della città e l'odore della città, ma con il solo istinto individuale percepisce la voce internazionale della coscienza universale. Quest'uomo nuovo, quest'uomo disidrato, io non lo riconosco. La vostra coscienza universale protegge una pianta di serra: questo prodotto teorico, questo prodotto industriale, ha con l'uomo lo stesso rapporto che un'arancia di California avvolta nel cellofan e trasportata attraverso i continenti ha con una arancia appesa all'albero. Sono tutte e due arance: ma l'una ha il gusto della terra, cresce e vive sull'albero secondo la natura delle cose: l'altra è solo un prodotto per il consumo. Voi avete fatto dell'essere umano un prodotto per il consumo. Risulta dalle statistiche (del resto truccate), si conta, si esporta, si trasporta, si assicura, e se viene distrutto, si paga. Non posso farci nulla, ma tutto questo non è per me una "persona".

Quando noi pensiamo ad una "persona", vediamo un padre con i figli, con i figli intorno al tavolo nella stanza comune della fattoria; ed egli distribuisce la minestra e il pane. Oppure in una casa della periferia, non così bene come in campagna: o in un appartamentino al terzo piano, e non così bene come nella casa della periferia. Torna dal lavoro e domanda notizie della giornata: o va in laboratorio e fa vedere al figlioletto come si fa una tavola, come si passa la mano sulla tavola per verificare se il lavoro è ben fatto. Noi difendiamo e rispettiamo questa "persona", questa e non un'altra, questa e tutto ciò che le appartiene: i figli, la casa, il lavoro, il campo. E noi diciamo allora che questa persona ha diritto al pane sicuro per i suoi figli, all'inviolabilità della sua casa, al rispetto del suo lavoro e al possesso del suo campo. Il pane sicuro, vuol dire che un negro o un asiatico o un semita non gli disputeranno il posto a cui ha diritto nell'interno della città, e che un giorno o l'altro non sarà obbligato, per vivere, ad essere il proletario e lo schiavo dello straniero. La casa inviolabile, vuol dire che potrà pensare e dire quello che vuole, sarà il padrone alla sua tavola e nella sua casa, e sarà protetto se obbedirà agli editti del principe. Il negro, l'asiatico e il semita non verranno davanti alla sua porta per spiegargli quali dovevano essere le sue idee e per condurlo in prigione. Il lavoro rispettato, vuol dire che egli potrà riunirsi con gli uomini del suo mestiere, compagni o colleghi come vorrà, ed avrà il diritto di dire che il suo lavoro è duro, che la sedia fatta da lui vale tanto di pane, che egli ha il diritto di vivere senza essere costretto a portare scarpe sfondate e vestiti strappati, di avere una radio se la vuole, una casa se ha saputo risparmiare per averla, una automobile se il lavoro gli rende bene; quella parte infine di "lusso" che la civiltà delle macchine gli consente. Il negro, l'asiatico e il semita non potranno stabilire a Winnipeg o a Pretoria il prezzo della sua giornata o la lista della sua tavola. Il possesso del campo, vuol dire che egli ha il diritto di chiamarsi padrone nella casa costruita dal nonno, padrone nella città che il nonno, assieme agli altri, ha costruito; nessuno può cacciarlo dalla sua dimora, né dalla casa del consiglio, e gli operai stranieri i cui nonni non erano lì quando il campanile è stato costruito, i negri, gli asiatici e i semiti che lavorano nelle miniere o che vendono merci all'angolo delle strade, non saranno loro a decidere della sorte del suo figlioletto. Noi chiamiamo tutto ciò diritti della persona, e diciamo che è dovere del sovrano assicurare il rispetto di questi diritti essenziali, di amministrare bene il suo paese, come un padre di famiglia, come un padre amministra la sua famiglia. Le leggi sono soltanto norme sagge, note a tutti, scritte dietro parere dei competenti, attaccate ai muri, e sovrane. Questi diritti, senza i quali non esiste la città, debbono essere difesi, se necessario, con la forza e sempre con una protezione efficace. Come si vede, anche noi parteggiamo per la difesa della persona. Ma in questi termini e non come l'intende il tribunale. Si tratta soltanto di mettersi d'accordo.

L'uomo della terra e della città, "uomo" da quando terra e

città esistono, è precisamente colui che Norimberga condanna e ripudia. La nuova legge gli dice: "Tu sarai cittadino del mondo": anche tu sarai impacchettato e disidrato; non ascolterai più il fremito degli alberi e la voce delle campane, ma imparerai a udire la voce della coscienza universale. Scuoti la terra dalle tue scarpe, o contadino: questa terra non è più niente: sporca. dà fastidio, impedisce di fare i bagagli. Tempi moderni sono venuti, ascolta la voce dei tempi moderni. Il manovale polacco che muta d'ingaggio dodici volte l'anno è come te, il rigattiere ebreo appena giunto da Korotcha o da Zitomir è come te: essi hanno i medesimi diritti tuoi sulla tua terra e sulla tua città: contadino, rispetta il negro. Essi hanno tutti i medesimi diritti tuoi e tu farai loro posto alla tua tavola, faranno parte del consiglio dove ti insegneranno ciò che ancora tu non comprendi bene; ciò che dice la coscienza universale. I loro figli saranno signori, saranno giudici sopra i tuoi figli, governeranno la tua città e compreranno il tuo campo, poiché la coscienza universale dà loro tale diritto. Quanto a te, o contadino, se tu ti fermi a parlare in conciliabolo con i camerati, se tu rimpiangi i tempi in cui alle feste cittadine non si vedevano che ragazzi della provincia, allora tu parli contro la coscienza universale e la legge non ti protegge.

Questa è in verità la condizione dell'uomo. dopo l'annullamento delle patrie. I regimi che aprono largamente le porte allo straniero si sostengono in virtù di una determinata pressione. Si esige che quegli stranieri abbiano gli stessi diritti degli abitanti del paese e ogni tentativo di discriminazione viene solennemente condannato. Dopo di che si riconosce regolare soltanto un modo di pensare puramente aritmetico. Con un sistema simile quale paese non sarebbe dopo un certo tempo, sottomesso da una conquista pacifica, sommerso da una occupazione senza uniforme e infine offerto allo straniero?

Qui si tocca il punto finale. Le differenze nazionali saranno a poco a poco eliminate. La legge internazionale si insedierà tanto più facilmente, in quanto la legge indigena non avrà più difensori. Le gerenze nazionali da noi descritte poco fa assumono in tale prospettiva il loro vero significato: gli stati non saranno più che circondari amministrativi di un solo impero. E da un capo all'altro del mondo, in città tutte eguali perché ricostruite dopo i bombardamenti, vivrà sotto leggi simili, un popolo bastardo, razza di schiavi indefinibile e cupa, senza genialità, senza istinto, senza voce. L'uomo disidrato regnerà in un mondo igienico. Immensi bazar echeggianti di *pick-up* simboleggeranno questa razza a prezzo unico. Marciapiedi mobili percorreranno le vie, e trasporteranno ogni mattina a un lavoro da schiavi la lunga fila di uomini senza volto che la sera riporteranno indietro. Questa sarà la terra promessa. Coloro i quali adoperano i marciapiedi mobili non sapranno che sia mai esistita una condizione umana. Non sapranno ciò che erano le nostre città, quando erano le nostre città; come noi non possiamo immaginare quel che fossero Gand e Bruges al tempo degli scabini. Si meraviglieranno che la terra sia stata bella e che noi l'abbiamo appassionatamente amata. La coscienza universale pulita, teorica, tagliata a forma di stella, illuminerà i loro cieli. Ma sarà la terra promessa.

E in alto regnerà la "persona", quella per cui si é fatta questa guerra e che ha inventato questa legge. Giacché, alla fine, si ha un bel dire; una "persona" c'è. Non è i tedeschi del Volga, non i baltici, non i cinesi non i malgasci, non gli annamiti, non i cechi, non i proletari, beninteso. Noi sappiamo bene chi sia la "persona, umana". É un termine senza un significato completo, anzi può dirsi che, non significhi nulla, "come l'intende il tribunale", se non viene applicato a un individuo apolide, nato in un sobborgo di Cracovia, perseguitato sotto Hitler, deportato, non morto, e tuttavia resuscitato nelle vesti di un patriota francese, belga o lussemburghese; su di lui noi dobbiamo riversare tutta la nostra deferenza e venerazione. La "persona" è, inoltre, munita abitualmente di un passaporto internazionale, di un permesso di esportazione, di una esenzione dalle tasse e del diritto di requisire gli appartamenti. Aggiungiamo che la "persona" così definita è depositaria in modo particolare della coscienza universale: ne è per così dire il vaso di elezione. Possiede, a questo riguardo, organi di una sensibilità squisita, di cui gli altri uomini sono privi: così nel paese ove giunge, essa addita con sicurezza i veri "patrioti" e scopre a grande distanza gli organismi refrattari alle vibrazioni della coscienza universale. Questi doni preziosi sono utilizzati al massimo davanti all'opinione pubblica. Tutte le loro reazioni vibratili sono registrate accuratamente e il totale di tali vibrazioni costituisce ciò che si chiama, a un dato momento, l'indignazione o l'approvazione della coscienza universale. Sono esse infine a formulare il dogma che abbiamo già enunciato e che s'intitola: "Difesa della persona".

Ne risulta che la difesa della persona, "come l'intende il tribunale", e' una specie di verità matematica, analoga all'incirca alla regola del tre. Si può esprimere così: "Ogni apolide nato a Cracovia, risiede in seno alla comunità universale, e ogni atto che lo danneggi, ha un'eco profonda nella coscienza umana. Di quanto la vostra definizione specifica si allontana dal carattere apolide e dall'origine cracoviana, per quel tanto vi allontanerete dalla comunità universale: ciò che vi lede non ha più un'eco corrispondente nella coscienza umana. Se siete risolutamente ostile agli individui apolidi originari di Cracovia, non fate parte affatto della comunità universale, e si può fare qualunque cosa contro di voi, senza che la coscienza umana se ne senta minimamente ferita".

Questi catecumeni dell'umanità nuova hanno le loro abitudini, le quali sono sacre. Non lavorano la terra, non producono nulla, non vogliono essere schiavi. Non si mescolano agli uomini del marciapiede mobile; li contano invece e li avviano verso i compiti loro assegnati. Non fanno la guerra, ma amano insediarsi nelle botteghe brillanti e illuminate dove, la sera, vendono carissime all'uomo del marciapiede le cose che egli stesso ha fabbricato e che hanno comprato da lui a poco prezzo. Formano un ordine: hanno questo in comune con i nostri antichi cavalieri. E non è giusto dopo tutto che siano tenuti a distanza dagli altri uomini, poiché sono i più sensibili alla voce della coscienza universale e ci offrono il modello a cui dobbiamo conformarci? I loro gran sacerdoti vivono in capitali lontane. Essi venerano in loro i rappresentanti di quelle famiglie illustri, celebri per il molto denaro guadagnato e per la pubblicità fatta. E sono felici di leggere sugli stemmi di questi eroi la cifra dei loro dividendi. Ma questi potenti hanno grandi preoccupazioni. Meditano sulla carta del mondo e decidono che il tal paese produrrà arance e il tal altro cannoni. Chinati sui grafici, incanalano i milioni di schiavi del marciapiede mobile e, nella loro saggezza, stabiliscono il numero delle camicie che saranno autorizzati a comprare nell'anno e la cifra delle calorie che saranno date loro per vivere. Il lavoro degli altri uomini circola e la sua rappresentazione grafica compare sui muri del loro gabinetto come in quei quadri a tubature trasparenti su cui corrono ininterrottamente linfe colorate. Sono i macchinisti dell'universo. Chi si ribella a loro alza la voce contro gli dei. Partiscono e decidono: e i loro servi, ai quadrivi, ricevono riconoscenti gli ordini e indicano la direzione all'uomo del marciapiede mobile.

Così funziona il mondo senza frontiere, il mondo ove ciascuno è a casa propria, il mondo il cui nome e' "terra promessa".

* * * * *

Ecco quanto è scritto nel verdetto di Norimberga.

Ed oggi gli stessi che hanno redatto il verdetto si rivolgono alla gioventù tedesca: "Tedeschi, buoni tedeschi,", dicono, "non amate la causa della libertà? Non siete pronti a difendere, con noi, il mondo dalla barbarie bolscevica? Tedeschi, giovani tedeschi, come sarete belli sui lunghi *tanks* Sherman simili a severi dei della battaglia". E, fissi gli occhi rapiti su una Germania weimariana e invincibile insieme, pacifica e armata fino ai denti, accarezzano il sogno di truppe di prima linea della democrazia, di truppe d'assalto della libertà, sentimentali e intrepide, bionde e muscolose, savie come fanciulle, fidanzate eterne della dichiarazione dei diritti e pronte a morire per il congresso, per l'occidente, per l'Y.M.C.A.: armata gigantesca di eunuchi che ritroverebbe miracolosamente, nella battaglia, il vigore dei germani.

È necessario sapere ciò che si vuole. Non ci batteremo per le nuvole, e probabilmente non lo faranno nemmeno i tedeschi. L'antidoto del bolscevismo ha avuto un nome nella storia. Finiamo di pronunciare quel nome con spavento e di guardare con orrore quella bandiera. Ogni idea ha in sé un elemento di verità: domandiamoci su quale elemento quell'idea fondava la sua potenza. Invece di proscrivere, cerchiamo di comprendere. Se milioni di uomini si sono fatti uccidere per quella bandiera che noi calpestiamo così vigliaccamente, non vuol dire che essa portava un segreto di vita e di grandezza impossibile ad essere ignorato?

É assurdo rifiutarci di guardare in faccia le parole, ed è anche pericolosissimo. Le rovine ideologiche non sono come le rovine delle città: non si vedono, e i viaggiatori non scuotono, seri, il capo passandovi accanto. Esse sono più importanti, sono mortali. Le dottrine pazzamente colpite da maledizione sono le sole a poter opporre una diga all'inondazione comunista. Noi abbiamo fatto saltare lo sbarramento e ci meravigliamo adesso che i flutti trascinino via i muretti con i quali avevamo cercato di arginarli. Eppure, basta guardare la carta geografica. Non si può sperare che l'enorme marea, dall'Asia sino all'Elba, rispetterà a lungo il fragile pontone d'occidente.

Saremo sicuramente sommersi se con un'architettura potente non riusciremo a fare della penisola europea una cittadella imprendibile, una specie di Gibilterra della razza bianca d'occidente. Ma bisogna abbordare compiti simili con spirito giusto e ragionevole. Bisogna agire senza passione e senza ipocrisia. Dobbiamo dimenticare la guerra e le sue sofferenze, dimenticare la pretesa di chiamarci vincitori. L'avvenire non si costruisce nell'odio e nella paura, né sull'umiliazione altrui. Dobbiamo rivolgerci alla nuova Germania con lealtà ed onestà. Il nostro primo compito è quello di rinunciare alla falsificazione della storia che pretendiamo di imporre. Non è vero che la Germania sia responsabile della guerra: la responsabilità dei guerrafondai in Inghilterra e in Francia pesa almeno quanto la responsabilità di Hitler. Non è vero che il partito nazionalsocialista sia stato un'associazione di malfattori: è stato un partito militante pari agli altri partiti al potere, è stato obbligato a ricorrere alla forza per difendere l'efficacia delle sue opere come, in circostanze drammatiche, fanno tutti i partiti i quali si sentono chiamati a una grande missione. Non è vero che i tedeschi siano stati "mostri": le nazioni che non hanno esitato a pagare la vittoria con la vita di 2.650.000 civili tedeschi (la vita cioè di 2.650.000 operai, vecchi, donne e bambini tedeschi) non hanno il diritto di fare un tale rimprovero. Un'inchiesta disonesta, una gigantesca propaganda hanno potuto per qualche tempo oscurare le coscienze. Ma verrà un giorno in cui gli stessi nemici della Germania avranno interesse a rimettere i fatti a posto: la Fortuna cieca prenderà per mano la Verità e la farà assidere alla tavola del banchetto. Confesseremo allora che non dovevamo dedurre, da errori occasionali e quasi sempre individuali, la condanna dell'intero regime: che i nemici della Germania hanno commesso anche loro, nella condotta della guerra, atti passibili di condanna, e allo stesso titolo; che a una vergognosa falsificazione della storia noi abbiamo aggiunto la più vile e pericolosa impostura ideologica.

Cominciamo a vedere, oggi, quanto grande sia stato il nostro errore. Tutti si affollano davanti a quel vuoto, a quella buca desolata al centro dell'Europa; e noi guardiamo con terrore il nostro operato stesso. L'Europa brancolante è simile al Ciclope cieco. Tutti possono vedere questa mostruosa mutilazione geografica: ma c'è un altro vuoto non meno grave, un altro abisso, ed è quello da noi creato estirpando brutalmente dalla superficie della terra il solo sistema rivoluzionario valevole in opposizione al marxismo. L'universo delle idee ha le sue leggi e la sua geografia. È pericoloso radere bruscamente al suolo una regione ideologica, quanto un paese. Noi abbiamo abbattuto bruscamente un equilibrio ideologico stabilizzato dal tempo, e necessario alla salute politica dell'Europa come l'esistenza della Germania era necessaria alla sua difesa strategica.

Quel che abbiamo distrutto e condannato era, non soltanto per i tedeschi ma per milioni di uomini in occidente, l'unica soluzione possibile del dramma del mondo moderno, la sola maniera di sfuggire alla schiavitù capitalistica senza sottostare alla schiavitù sovietica. Quel che abbiamo distrutto era, nel pensiero di quegli uomini, non la tirannia reazionaria e militare da noi denunciata, ma l'immenso sforzo di liberazione dei lavoratori. La loro bandiera rossa portante il simbolo della patria era l'emblema della rivoluzione d'occidente. Noi diciamo che erano schiavi, ed avevano invece lo sguardo di chi lavora nella gioia. Lo sguardo dei lavoratori è una testimonianza: se ricostruiscono Stalingrado cantando, i nostri giornali anticomunisti mentono. Dal Baltico al Brennero, i lavoratori tedeschi erano felici. E non i soli lavoratori tedeschi erano felici, ma in tutto l'occidente, la nuova rivoluzione era un segnale e una speranza immensa. Non era stata realizzata da per tutto ma in tutti i paesi rappresentava una possibilità per l'avvenire, l'unica possibilità per l'occidente, l'annuncio ai lavoratori di una vita lieta e forte. Si sbagliavano, abbiamo detto, venivano ingannati. Che ne sappiamo? La sola cosa certa è che oggi, nell'occidente deserto, in nessun altro luogo essi trovano il contenuto rivoluzionario apportato dai nuovi nazionalismi. Questa battaglia è stata per loro la grandezza, la fraternità, il sangue versato, la giustizia: sì, la giustizia. Così era nell'anima loro, qualunque cosa dicano i tribunali. Non possiamo dimenticarlo, se parliamo loro. Le parole contro cui ci ostiniamo, questi blocchi giganteschi di volontà e di speranza. che abbiamo fatto saltare come un pezzetto di continente, erano ancora ieri, per milioni di uomini, l'appello irresistibile della nobiltà, del sacrificio: rappresentavano la giustizia finalmente ritrovata per la quale vale la pena di morire. Noi abbiamo creato un deserto per i cuori. La nostra politica in Europa è riuscita a fare dell'entusiasmo rivoluzionario un'esclusiva sovietica. Tra dieci anni, tutta la gioventù del mondo sarà schierata sotto la bandiera rossa: ci resta soltanto questo mezzo per protestare contro l'ingiustizia.

Torniamo alla giustizia e alla lealtà. Quante esperienze ci occorreranno ancora per imparare che i trattati giusti sono i soli durevoli, che la pace giusta e leale è la sola pace? Nel 1918, i nostri uomini di stato hanno rivoluzionato la geografia e si sono poi stupiti che un'altra guerra sia seguita. Oggi, gli stessi pedanti si danno un gran da fare per distruggere l'equilibrio ideologico europeo: dovrebbero capire che l'offesa odierna è altrettanto grave e ne uscirà sicuramente un'altra guerra. È indispensabile che esista in Europa una zona dinamica di giustizia sociale atta a cristallizzare la volontà di resistenza all'annessione marxista. Alcuni uomini hanno compreso oggi come distruggere l'esercito e l'industria tedesche sia stato un errore immenso: sono persuasi che la penisola europea ha bisogno di un baluardo. Ma ha bisogno anche di un'anima. Il grido di collera levato dagli uomini del nostro tempo contro l'ingiustizia sociale, contro le porcherie e le menzogne, deve avere la sua eco in occidente. Deve tornare tra noi la volontà rivoluzionaria, la gioia della rivoluzione in cammino. La giustizia sociale non è meno necessaria all'occidente del carbone e dell'acciaio. Se agli operai delle città e delle campagne possiamo offrire soltanto le abituali imposture democratiche, nessun ragionamento al mondo impedirà loro di guardare, pieni di speranza, alla terra dove si parla della libertà e della potenza dal proletariato. Non abbiamo il diritto di dimenticare (e sarebbe pazzesco dimenticarlo) che il sogno di un socialismo nazionale è stato il sogno di milioni di uomini in Europa. Le verità sono come le patrie: non si schiacciano con un colpo di stivale. Che noi lo vogliamo o no, l'idea che fu la grande speranza di ieri questa fraternità nella battaglia, è oggi la base naturale di una comunità occidentale.

Per il bene della nuova Europa, per il nostro stesso, le volontà debbono dunque unirsi contro il *diktat* ideologico di Norimberga, mortale per la pace del mondo quanto il *diktat* politico di Versailles. Dobbiamo restituire alla patria la corona e la spada. Dobbiamo ristabilire e proclamare i principi semplici e naturali della saggezza politica. Dobbiamo ricordare ai nocchieri delle nuvole che la sovranità delle città e tutto ciò che è da essa inseparabile, il diritto di riunirsi e il diritto di bandire, la precedenza della disciplina nello stato, il dovere assoluto di obbedienza nei sudditi del sovrano, sono le travi che sostengono ed hanno sempre sostenuto le nazioni. Dobbiamo esigere il riconoscimento solenne di questa verità su cui ogni potere poggia; colui che obbedisce al principe, agli editti del principe, non può essere accusato. Senza questo principio non esiste stato né governo. Non dobbiamo aver paura degli stati forti. E non abbiamo il diritto di esigere che la struttura di tali stati sia democratica, nel senso inteso a Londra e a Washington, se gli stati preferiscono vivere sotto leggi diverse. Se l'unità dell'occidente può raggiungersi soltanto intorno a un blocco di stati socialisti autoritari, questa soluzione non è meglio della guerra e dell'occupazione?

Giacché, in definitiva, si tratta di questo. Nell'Europa di oggi tali stati sono l'unica garanzia della pace. È vero che nel momento attuale la pace e la guerra non dipendono dagli stati europei: ma essi possono diventare l'occasione della guerra, e dobbiamo esigere da loro di non fornire tale occasione. Soltanto di fronte a un blocco occidentale l'agitazione comunista sarebbe impossibile come lo sarebbe l'agitazione democratica nell'U.R.S.S.; e il comunismo sarebbe impossibile perché sarebbe in atto il socialismo nazionale. Di fronte a questo blocco la guerra può fermarsi. Abbiamo bisogno di una cortina di ferro "intorno all'occidente". Il pericolo della guerra non è nell'esistenza di stati potenti e di polarizzazioni diverse come gli Stati Uniti e la Russia sovietica; è, al contrario, nell'esistenza di zone deboli aperte alla concorrenza di quelle due grandi potenze. In altri termini, il pericolo della guerra aumenta con le possibilità di ingerenza; la guerra sarà determinata da agenti stranieri i quali lavorano tra noi. Se, invece, potesse costituirsi un blocco occidentale, vivente di vita propria, rigidamente chiuso alle influenze americana e comunista, questo blocco neutrale, questa cittadella impermeabile sarebbe un fattore di pace e forse di unione. Se l'Europa d'occidente potesse diventare un isola vivente sotto le sue proprie leggi e dove non potessero prendere piede ne' lo spirito democratico d'importazione americana, né il comunismo d'importazione sovietica; se quest'isola fosse ritenuta inaccessibile e mortale, se divenisse forte, chi oserebbe attaccala? Infine, l'Europa occidentale non ha un interesse strategico fondamentale (altre zone ne hanno assai di più): ha soprattutto un interesse politico per i belligeranti, è per il momento una *no man's land* che apparterrà al più svelto e al più furbo. Se facessimo sparire la concorrenza, se riuscissimo a liberarci delle coscienze (spesso interessate) le quali attirano le bombe come la calamita il ferro, non sarebbero raggiunte per tutti le condizioni migliori della pace?

Se l'America domani vuol fare la guerra, riflessioni simili non contano nulla: ma allora l'America si sarà creata strane condizioni di guerra. Se ci è permesso invece contare sul tempo, in che modo tali prospettive sono più assurde delle altre? L'insularità dell'occidente riposa insomma su una condizione fondamentale. Bisognerebbe che gli americani fossero tanto intelligenti da comprendere che è loro interesse armare l'Europa occidentale senza chiedere in cambio nessuna garanzia democratica. È già molto poter dire di loro: dateci aeroplani e carri armati, e poi non preoccupatevi se metteremo alla porta sia gli agenti dell'America che quelli di Mosca. Comprenderanno che è nel loro stretto interesse (così come per i russi) il costituirsi di un'Europa occidentale, antidemocratica e anticomunista a un tempo, forte e gelosa della propria indipendenza? Comprenderanno che sarebbe un grande segno di saggezza e l'inizio di una grande speranza di pace escludere nello stesso modo gli ex agenti dell'Inghilterra i quali oggi questuano i sussidi americani, e coloro i quali ricevono ordini e sussidi dal *Cominform*?

Se gli americani vogliono cancellare il male fatto, lo cancellino nelle anime, nel modo medesimo in cui cercano di ripararlo nelle città. Se vogliono che l'occidente sia solido, bisogna che rimanga "occidente" e non il prolungamento dell'America, giacché la piattaforma americana in Europa può essere soltanto una terra mal difesa e, in caso di guerra, rapidamente evacuata. Ma l'impero d'occidente può vivere e difendersi, o per lo meno, imporre la sua neutralità.

Queste cose cominciano adesso ad essere comprese, sebbene non perfettamente. La signora Roosevelt si rivolge con vera eloquenza alle donne tedesche e le elogia per il loro coraggio. Si tratta di condoglianze, se si pensa ai bombardamenti ordinati dal suo defunto marito. Quest'omaggio tardivo c'informa tuttavia sul grave errore della politica americana: "Colpisco e poi armo: condanno e poi rilascio". O biondi tedeschi, perché non amate la banca Lazard? Mordete la terra con le bocche sanguinanti pronunciando i dolci nomi di Oppenheim e di Kohn. Ma non pensate che ci saranno molti volontari nella nuova legione antibolscevica, dietro il generale De Gaulle, o nell'ultima brigata SS dietro il maresciallo Montgomery.

I russi sono meno ingenui. Si sono sbarazzati dei concorrenti pericolosi, e ci impongono con la mediazione dei partiti comunisti un'intransigente condanna delle dottrine maledette. Nello stesso tempo, chiamano a raccolta i generali tedeschi per incaricarli di ricostituire un esercito nazionale, e mettono il signor Wilhelm Pieck su una pedana per annunciare al popolo tedesco la nascita di un nuovo partito "nazionale e socialista insieme". Non sono stato io a mettere le parole in quest'ordine: è stata la propaganda comunista a scoprire questa formula.

Dobbiamo adesso sapere se combatteremo il comunismo con le sue stesse armi o se arriveremo sempre in ritardo di una guerra o di un'idea. Non ho opinioni sulla terza guerra mondiale, la quale del resto non dipende da noi. Ma credo a una dura battaglia per il controllo dell'occidente. Il vincitore di questa battaglia sarà, come una volta, quello che i franchi di Germania isseranno sui loro scudi.

Quanto a noi, abbiamo sempre una fantasia brillante. I settimanali fanno inchieste per chiederci che cosa faremo in caso di occupazione da parte dei russi. Noi siamo ottimisti. Non ci siamo ancora resi conto che, andando così le cose, abbiamo probabilità altrettanto serie di essere occupati da forze militari che già conosciamo. Guardiamo in faccia l'avvenire. Possiamo ancora salvare tutto costruendo l'occidente; non siamo più nulla se contro di noi si costituisce una amministrazione comunista dell'occidente. Il nostro destino si decide in questo momento in Germania. Bisogna scegliere se avere le SS con noi o contro di noi.

Altre pubblicazioni

OMNIA VERITAS

Omnia Veritas Ltd presente :

LA SCUOLA DEI CADAVERI

de

LOUIS-FERDINAND CÉLINE

... del prodigioso tambureggiamento stratosferico e del gigantesco accompagnamento del nostro apparato di tortura e servitù...

I Democratici non sono altro che i domini del Frastuono giudeo

OMNIA VERITAS

www.omnia-veritas.com

www.ingramcontent.com/pod-product-compliance
Lightning Source LLC
Chambersburg PA
CBHW050830160426
43192CB00010B/1962